"十四五"职业教育国家规划教材配套用书

税费计算与缴纳（第二版）实训与练习

林 宏 王洁莉 主编

中国财经出版传媒集团
中国财政经济出版社
北 京

图书在版编目（CIP）数据

税费计算与缴纳（第二版）实训与练习/林宏，王洁莉主编．--北京：中国财政经济出版社，2024.1

“十四五”职业教育国家规划教材配套用书

ISBN 978-7-5223-2412-8

Ⅰ.①税…　Ⅱ.①林…　②王…　Ⅲ.①税费-计算-中等专业学校-教材②纳税-税收管理-中国-中等专业学校-教材　Ⅳ.①F810.423②F812.423

中国国家版本馆 CIP 数据核字（2023）第 153534 号

责任编辑：彭洋洋　　责任校对：胡永立

封面设计：卜建辰　　责任印制：张　健

税费计算与缴纳（第二版）实训与练习

SHUIFEI JISUAN YU JIAONA（DIERBAN）SHIXUN YU LIANXI

中国财政经济出版社 出版

URL：http：//www.cfeph.cn

E-mail：cfeph@cfeph.cn

社址：北京市海淀区阜成路甲 28 号　邮政编码：100142

营销中心电话：010-88191522

天猫网店：中国财政经济出版社旗舰店

网址：https：//zgczjjcbs.tmall.com

北京富生印刷厂印刷　各地新华书店经销

成品尺寸：185mm×260mm　16 开　6 印张　146 000 字

2024 年 1 月第 2 版　2024 年 1 月北京第 1 次印刷

定价：19.00 元

ISBN 978-7-5223-2412-8

（图书出现印装问题，本社负责调换，电话：010-88190548）

本社质量投诉电话：010-88190744

编写 说明

《税费计算与缴纳（第二版）实训与练习》系“十四五”职业教育国家规划教材《税费计算与缴纳（第二版）》的配套用书，作为全国中等职业学校财经商贸类专业教材使用。为方便教师课堂教学和学生课下练习，巩固所学知识，特精选了与课堂教学基本同步的习题。本书具有以下特点：

1. 内容新颖。近几年税收法律制度及条例变动和更新非常频繁，也要求税收教材与新的税收制度相适应，习题与教材都尽量依据最新的税收法律、法规内容编写。

2. 结构合理。本练习与教材单元内容一致，基本涵盖了教材的主要知识点，方便同步课堂训练。

3. 理论与技能相结合。一方面，为便于学生对基本知识和重点知识的掌握，精选了大量针对掌握基本知识和重点知识的客观题；另一方面，也为学生提高岗位技能、正确进行纳税申报提供了填制纳税申报表的实训题，教师在课堂教学时，可根据学生掌握情况，合理取舍。

本书由林宏、王洁莉主编。具体编写分工如下：天津市第一商业学校林宏老师编写第一单元、第二单元、第九单元，并对全书进行总纂；天津市第一商业学校李瑛老师编写第五单元、第六单元；天津市第一商业学校刘国艳老师编写第三单元、第七单元；天津市第一商业学校刘亚男老师编写第四单元、第八单元、第十单元。

本书为用书学校任课教师提供了习题参考答案，如有需要，请以电子邮件形式联系中国财政经济出版社 Email：caijingjiaocai@163.com，也可访问如下网址下载：http：//jiaocai.cfeph.cn。

由于时间仓促，加之水平有限，书中疏漏和错误在所难免，敬请读者批评指正。

编 者

2024 年 1 月

目　录

1 第一单元 税收基本知识

一、单项选择题

1. 税收是国家为实现其职能，凭借（　　），按照法律规定，通过税收工具强制地、无偿地参与国民收入和社会产品的分配和再分配以取得财政收入的一种形式。

A. 经济权力　　B. 政治权力
C. 所有者权力　　D. 支配权力

2. 国家取得财政收入的主要形式是（　　）。

A. 行政性收费　　B. 罚没收入
C. 税收　　D. 发行货币

3. 下列各项中，不属于财产课税的是（　　）。

A. 房产税　　B. 契税
C. 车船税　　D. 城镇土地使用税

4. 在税法构成要素中，衡量税负轻重与否的重要标志是（　　）。

A. 征税对象　　B. 税率
C. 纳税人　　D. 纳税环节

5. 采用超额累进税率征收的税种是（　　）。

A. 资源税　　B. 土地增值税
C. 个人所得税　　D. 企业所得税

6. 下列税种中，属于对流转额课税的是（　　）。

A. 企业所得税　　B. 关税
C. 资源税　　D. 房产税

7. 下列税种中，（　　）是价外税。

A. 增值税　　B. 资源税
C. 消费税　　D. 关税

8. 下列税种中，属于行为税的是（　　）。

A. 增值税　　B. 土地增值税

C. 房产税　　D. 印花税

9. 下列税种中，属于中央与地方共享税的是（　　）。

A. 个人所得税　　B. 消费税

C. 房产税　　D. 增值税

10. 税收法律制度中的核心要素是（　　）。

A. 纳税义务人　　B. 征税对象

C. 税率　　D. 计税依据

11. 下列税种中，由海关负责征收和管理的是（　　）。

A. 关税　　B. 车辆购置税

C. 环境保护税　　D. 资源税

12. 在我国计算工资、薪金个人所得税采用的税率是（　　）。

A. 比例税率　　B. 超额累进税率

C. 超率累进税率　　D. 定额税率

13. 在我国土地增值税采用的税率是（　　）。

A. 比例税率　　B. 超额累进税率

C. 超率累进税率　　D. 定额税率

14. 直接通过缩小计税依据的方式实现的减税、免税，称为（　　）减免。

A. 税基式　　B. 税率式

C. 税额式　　D. 直接式

15. 下列税种中，采用比例税率的是（　　）。

A. 土地增值税　　B. 个人所得税

C. 资源税　　D. 增值税

二、多项选择题

1. 税种按征税对象分类，可分为（　　）等类型。

A. 流转税类　　B. 所得税类

C. 财产税类　　D. 资源税类

2. 下列关于税收概念的理解，正确的有（　　）。

A. 税收分配的对象是社会产品或国民收入

B. 国家税收的取得是强制的、无偿的

C. 税收分配的客体是国家

D. 税收属于分配范畴

3. 税收具有（　　）特征。

A. 固定性　　B. 无偿性

C. 自愿性　　D. 强制性

4. 下列税种中，纳税人与负担税款的单位或个人一致的有（　　）。

A. 增值税　　B. 个人所得税

C. 消费税　　D. 企业所得税

5. 下列税种中，属于流转税的有（　　）。
A. 增值税　B. 消费税
C. 关税　D. 印花税

6. 下列税种中，属于资源税的有（　　）。
A. 车辆购置税　B. 资源税
C. 环境保护税　D. 城镇土地使用税

7. 下列税种中，不属于中央税的有（　　）。
A. 增值税　B. 消费税
C. 个人所得税　D. 资源税

8. 税制构成的基本要素包括（　　）。
A. 纳税义务人　B. 征税对象
C. 税率　D. 计税依据

9. 我国现行税率大致分为（　　）。
A. 比例税率　B. 定额税率
C. 累进税率　D. 差别税率

10. 有权代表国家行使征税职责的机关有（　　）。
A. 税务机关　B. 财政部门
C. 人民政府　D. 海关

11. 我国现行的所得税主要有（　　）。
A. 企业所得税　B. 个人所得税
C. 财产税　D. 契税

12. 我国现行税制的纳税期限有（　　）。
A. 固定期限纳税　B. 按期纳税
C. 按次纳税　D. 按年计征，分期预缴

13. 我国现行税制中，属于行为税的税种主要有（　　）。
A. 印花税　B. 车船税
C. 房产税　D. 城市维护建设税

14. 按计税标准分类，税收可以分为（　　）。
A. 从价税　B. 定额税
C. 从量税　D. 比例税

15. 我国现行税收制度规定的纳税期限有（　　）形式。
A. 按期纳税　B. 按次纳税
C. 按年计征，分期预缴　D. 按月纳税

三、判断题

1. 税收是与国家有本质联系的一个分配范畴，是先于国家的形成而产生的。（　　）
2. 税收的固定性是指国家以法律形式预先规定征税的标准。（　　）
3. 征税对象是征税的客体，是一个税种区别于另一个税种的主要标志，征税对象亦称

"课税对象"。（ ）

4. 以税收的计算依据为标准分类，是一种最重要、最常用的税收分类方法。（ ）

5. 减税是从应征税额中减征部分税款；免税是免征全部税额。（ ）

6. 消费税是一种价外税。（ ）

7. 不是所有的税种都需要规定税目。（ ）

8. 纳税环节是指税法规定的征税对象在从生产到消费的流转过程中应当缴纳税款的环节，如流转税应在分配环节纳税。（ ）

9. 起征点也称征税起点，是指对征税对象开始征税的数额界限。征税对象的数额没有达到规定起征点的不征税；达到或超过起征点的，就其超过数额部分征税。（ ）

10. 征税人、征税对象、税率构成税制的基本要素。（ ）

第二单元

2 涉税事项办理与发票管理

一、单项选择题

1. 税务登记不包括（　　）。

A. 开业登记　　B. 变更登记

C. 停业登记　　D. 减免税登记

2. 税务登记的主要内容，主要通过纳税人填写（　　）来体现。

A. 财务报表　　B. 纳税申报表

C. 税务登记表　　D. 完税凭证

3. 纳税人税务登记内容发生了根本性变化，需终止履行纳税义务时向税务机关申报办理（　　）手续。

A. 税务开业登记　　B. 税务变更登记

C. 税务停业登记　　D. 税务注销登记

4. 纳税人因住所、经营地点变动，涉及改变税务登记机关的，应当向原税务登记机关申报办理（　　）。

A. 停业、复业登记　　B. 变更登记

C. 注销税务登记　　D. 报验登记

5. 从事生产、经营的纳税人应当自开立基本存款账户之日起（　　）日内，向主管税务机关报告其全部账户账号。

A. 10　　B. 15

C. 30　　D. 60

6. 纳税人跨省临时从事生产经营活动的，应向（　　）税务机关填报《跨区域涉税事项报告表》。

A. 机构所在地　　B. 生产经营活动地

C. 注册地　　D. 主管地

7. 下列各项中，不属于变更税务登记事项的是（　　）。

A. 纳税人因经营地点的迁移而要改变原主管税务机关的

B. 改变法定代表人

C. 增减注册资金

D. 改变开户银行账号

8. 企业取得“五证合一”的证书后，需要到（　　）报到。

A. 财政局　　B. 税务局

C. 开户银行　　D. 工商局

9. 企业（　　）时不需要办理注销登记。

A. 纳税人解散　　B. 破产

C. 撤销不独立核算的营业部　　D. 吊销营业执照

10. 从事生产经营的纳税人，经确定实行定期定额征收方式的，如果在营业执照核准的经营期限内需要停业的，应当在停业前向税务机关申报办理的登记属于（　　）。

A. 开业登记　　B. 变更登记

C. 停业登记　　D. 复业登记

11. 已办理税务登记的扣缴义务人应当自扣缴义务发生之日起（　　）日内，向税务登记地税务机关申报办理扣缴税款登记。

A. 10　　B. 15

C. 30　　D. 60

12. 发票，是指在购销商品、提供或者接受服务以及从事其他经营活动中，开具、收取的（　　）。

A. 收款凭证　　B. 付款凭证

C. 收付款凭证　　D. 完税凭证

13. 增值税专用发票其他联次的用途由（　　）确定。

A. 国家税务总局　　B. 省税务局

C. 市税务局　　D. 一般纳税人自行

14. 增值税专用发票中，作为购买方核算采购成本和增值税进项税额记账凭证的是（　　）。

A. 发票联　　B. 抵扣联

C. 记账联　　D. 报销联

15. 开具发票应当按照规定的时限、顺序、栏目，全部联次一次性如实开具，并加盖（　　）。

A. 发票专用章　　B. 财务专用章

C. 发票专用章或财务专用章　　D. 单位公章

16. 机动车销售统一发票的联次中，应由车辆购置税征收单位留存的是（　　）。

A. 发票联　　B. 抵扣联

C. 报税联　　D. 记账联

17. 所有单位和从事生产、经营活动的个人在购买商品、接受服务以及从事其他经营活动中支付款项，应当向收款方取得发票。取得发票时，不得要求变更（　　）。

A. 数量和金额　　B. 单价和金额

C. 品名和金额　　D. 数量和单价

18. 税务机关对外省、自治区、直辖市来本辖区从事临时经营活动的单位和个人领购发票的，可以要求其提供保证人或者根据所领购发票的限额及数量交纳不超过（　　）元的保证金，并限期缴销发票。

A. 1 万　　B. 2 万

C. 3 万　　D. 5 万

19. 已开具的发票存根联和发票登记簿，应当保存（　　）。

A. 3 年　　B. 5 年

C. 8 年　　D. 10 年

20.（　　）是发票的主管机关，负责发票的印刷、领购、开具、保管、缴销的管理和监督。

A. 财政机关　　B. 工商管理部门

C. 开户银行　　D. 税务机关

二、多项选择题

1. 下列各项中，应当办理税务登记的有（　　）。

A. 国家机关

B. 个体工商户

C. 企业在外地设立的分支机构

D. 税法规定应纳税但暂享受免税待遇的单位和个人

2. 注销税务登记的适用范围有（　　）。

A. 纳税人因故需要歇业的

B. 纳税人的法定代表人发生变更的

C. 纳税人被工商行政管理机关吊销营业执照的

D. 纳税人因住所、经营地点变更，涉及改变主管税务机关的

3. 税务登记的种类包括（　　）。

A. 设立登记　　B. 停业、复业登记

C. 临时经营登记　　D. 变更登记

4. 纳税人办理税务登记后，应当办理税务变更登记的情况有（　　）。

A. 名称的改变　　B. 增加注册资本

C. 经营地点迁出原登记的县（市）　　D. 改变基本存款账户、账号

5. 新办有限公司申报办理税务登记时，应当根据不同情况向税务机关如实提供（　　）。

A. 税务登记表　　B. 公司章程、合同、协议书

C. 其他需要提供的有关证件、资料　　D. 法定代表人的身份证件

6. 纳税人应向原税务登记机关办理注销税务登记的情形有（　　）。

A. 发生解散、破产、撤销以及其他情形，依法终止纳税义务的

B. 因生产、经营场所变动涉及改变税务登记机关的

C. 在营业执照核准的经营期限内需要停业的

D. 被工商行政管理机关吊销营业执照的

7.（　　　）时企业应该办理变更税务登记。

A. 从业人数变更　　B. 财务负责人变更

C. 核算方式变更　　D. 生产经营地址变更

8. “五证合一”中的“五证”包括（　　　）。

A. 营业执照　　B. 组织机构代码

C. 税务登记证　　D. 刻章许可证

E. 社保登记证　　F. 统计证

9. 增值税专用发票的基本联次包括（　　　）。

A. 存根联　　B. 发票联

C. 抵扣联　　D. 记账联

10.《中华人民共和国发票管理办法》规定，禁止（　　　）。

A. 转借、转让、代开发票　　B. 拆本使用发票

C. 自行扩大专用发票使用范围　　D. 倒买倒卖发票、发票监制章

11. 除国务院税务主管部门规定的特殊情形外，任何单位和个人不得跨规定的使用区域（　　　）。

A. 携带空白发票　　B. 邮寄空白发票

C. 运输空白发票　　D. 携带、邮寄已开具的发票

12. 一般纳税人可以开具增值税专用发票的情形有（　　　）。

A. 向消费者个人销售化妆品　　B. 向一般纳税人销售商品

C. 向超市销售农产品　　D. 向企业转让不动产

13. 下列说法中，正确的有（　　　）。

A. 增值税小规模纳税人不得领购使用增值税专用发票

B. 增值税普通发票的格式、字体、栏次、内容与增值税专用发票完全一致

C. 增值税电子发票不具有法律效力

D. 增值税专用发票是由国家税务总局监制并设计印刷的

14. 增值税普通发票的基本联次包括（　　　）。

A. 存根联　　B. 发票联

C. 抵扣联　　D. 记账联

15. 需要领购发票的单位和个人，应当持（　　　），向主管税务机关办理发票领购手续。

A. 税务登记证或多证合一的营业执照　　B. 税务部门要求的其他有关材料

C. 经办人身份证明　　D. 财务印章或者发票专用章的印模

16. 需要临时使用发票的单位和个人，可以凭（　　　）直接向经营地税务机关申请代开发票。

A. 税务登记证　　B. 经办人身份证

C. 经营活动书面证明　　D. 以前开过的发票

17. 单位和个人在开具发票时，必须做到按照（　　　），内容完全一致，并在“发

票联”和“抵扣联”加盖发票专用章。

A. 号码顺序填开　　B. 填写项目齐全

C. 内容真实和字迹清楚　　D. 全部联次一次打印

18. 下列各项中，属于发票基本内容的有（　　）。

A. 发票的名称　　B. 单价

C. 大小写金额　　D. 发票号码

19.《中华人民共和国发票管理办法》所称发票，是指因（　　），开具、收取的收付款凭证。

A. 购销商品　　B. 提供服务

C. 接受服务　　D. 从事其他经营活动

20. 下列关于发票开具、使用、取得的说法中，正确的有（　　）。

A. 纳税人进行电子商务可以不开具或取得发票

B. 北京某单位销售货物给上海，可将空白发票带到上海填开

C. 禁止携带、邮寄或者运输空白发票出入境

D. 开具发票要加盖发票专用章

三、判断题

1. 取得“五证合一”的证书后，企业需到工商管理局报到。（　）

2. 履行个人所得税代扣代缴义务的扣缴义务人，应当自扣缴义务发生之日起 30 日内，向机构所在地税务机关报告。（　）

3. 纳税人税务登记表的内容发生变更的，税务机关应重新核发税务登记证件。（　）

4. 凡有应税收入、应税财产和应税行为的纳税人，都应当依法办理税务登记。（　）

5. 从事生产经营的纳税人应当自开立基本存款账户或者其他存款账户之日起 30 日内，向主管税务机关报告其全部账户账号。（　）

6. 纳税人住所、经营地点变动，应向主管税务机关办理注销登记。（　）

7. 停业、复业登记只适用于实行定期定额征收方式的纳税人。（　）

8. 因解散、破产、撤销等情形，依法终止纳税义务的，应向主管税务机关办理注销登记。（　）

9. 申请停业的纳税人应当于恢复生产经营后向税务机关申请办理复业登记。（　）

10. 企业核算方式、从业人数发生变化的，应向主管税务机关办理变更登记。（　）

11. 纳税人、扣缴义务人必须依照主管税务机关的规定缴纳税款、代扣代缴、代收代缴税款。（　）

12. 发票是指在购销商品、提供或者接受劳务和其他经营活动中，开具、收取的收款凭证。（　）

13. 根据《税收征收管理法》规定，税务机关是发票的主管机关，负责发票印刷、领购、开具、保管、缴销的管理和监督。（　）

14. 税务机关根据发票管理的需要，可以按照国务院税务主管部门的规定委托其他单位代开发票。（　）

15. 发票应当由收款方向付款方开具，不得由付款方向收款方开具。（　　）

16. 增值税普通发票的格式、字体、栏次、内容与增值税专用发票完全一致。（　　）

17.《中华人民共和国发票管理办法》规定，任何单位和个人应当按照发票管理规定使用发票，不得拆本使用发票。（　　）

18.《中华人民共和国发票管理办法》规定，任何单位和个人应当按照发票管理规定使用发票，可以扩大发票使用范围。（　　）

19.《中华人民共和国发票管理办法》规定，不符合规定的发票，不得作为财务报销凭证，任何单位和个人不得拒收。（　　）

20. 代开发票的申请人应当向主管税务机关提供其申请代开发票的有效证明，主要包括相关合同（协议）原件和复印件、经办人居民身份证（或护照）原件和复印件以及主管税务机关认为需要提供的其他有关资料。（　　）

3 第三单元 增值税核算

一、单项选择题

1. 对于农业产品、音像制品和电子出版物，其适用的增值税税率为（　　）。

A. 13%　　B. 9%

C. 3%　　D. 6%

2. 增值税一般纳税人申请抵扣的防伪税控系统开具的专用发票，应自专用发票开具之日起（　　）日内到税务机关认证，否则不予抵扣进项税额。

A. 30　　B. 60

C. 90　　D. 180

3. 下列经营行为，属于视同销售行为的是（　　）。

A. 将自产、委托加工的货物用于非增值税应税项目

B. 将购买的货物用于非增值税应税项目

C. 将自产、委托加工或购买的货物用于集体福利

D. 某企业销售产品，购买方尚未支付货款

4. 增值税的征税对象是（　　）。

A. 销售额　　B. 营业额

C. 零售额　　D. 增值额

5. 根据《增值税暂行条例》及其实施细则的规定，下列关于增值税销售额确认时间的表述中，正确的有（　　）。

A. 采取交款提货结算方式的，为合同约定发货日期的当天

B. 采取分期付款结算方式的，为货物发出的当天

C. 采取预收货款的方式销售货物，为收到货款的当天

D. 采取委托银行收款结算方式的，为发出货物并办妥托收手续的当天

6. 根据增值税法律制度的规定，一般纳税人销售下列货物或者应税劳务适用免税规定的是（　　）。

A. 农产品　　B. 避孕药品

C. 图书　　D. 自己使用过的汽车

7. 根据增值税法律制度的规定，下列各项中，属于不得抵扣进项税额的是（　　）。

A. 将外购的货物分配给股东　　B. 将外购的货物用于投资

C. 将外购的货物用于集体福利　　D. 将外购的货物无偿赠送他人

8. 由于对法定扣除项目的规定不同，增值税划分为不同类型。自 2009 年 1 月 1 日起，我国实行的增值税类型属于（　　）。

A. 消费型增值税　　B. 收入型增值税

C. 生产型增值税　　D. 实耗型增值税

9. 对于纳税人为销售货物而出租出借包装物收取的押金，其增值税正确的计税方法是（　　）。

A. 所有货物包装物押金，收取时一律不计税，对逾期没收的包装物押金，均计税

B. 酒类货物包装物押金，一律在酒类货物销售时计税，其他货物押金，收取时一律不计税，对逾期没收的包装物押金，均计税

C. 无论会计如何核算，所有货物包装物押金均应并入销售额计算缴纳增值税

D. 对销售除啤酒、黄酒外的其他酒类产品收取的包装物押金，一律在酒类货物销售时计税，其他货物押金，单独记账且未逾期者，不计算缴纳增值税

10. 某商业企业一般纳税人购进生产用原材料一批已入库，取得增值税专用发票一张，已经经过认证，尚未支付货款。不考虑其他因素，则会计处理为（　　）。

A. 借：应付账款
　　贷：原材料
　　　　应交税费——应交增值税（进项税额转出）

B. 借：原材料
　　　　应交税费——应交增值税（进项税额）
　　贷：应付账款

C. 借：应付账款
　　贷：原材料
　　　　应交税费——应交增值税（销项税额）

D. 借：应付账款
　　贷：原材料
　　　　应交税费——应交增值税（转出多交增值税）

11. 某一般纳税人企业，在生产领用材料时，发现上月购进的尚未付款的材料存在质量问题，经与厂商协商，将该批原材料退还给厂商，则退货的会计处理为（　　）。

A. 借：应付账款
　　贷：原材料
　　　　应交税费——应交增值税（进项税额转出）

B. 借：原材料　　（红字）
　　　　应交税费——应交增值税（进项税额）　　（红字）
　　贷：应付账款　　（红字）

C. 借：应付账款
　　贷：原材料
　　　　应交税费——应交增值税（销项税额）

D. 借：应付账款
　　贷：原材料
　　　　应交税费——应交增值税（转出多交增值税）

12. 某植物油厂为增值税一般纳税人，2022 年 9 月从农民手中收购一批油菜籽，农产品收购发票上注明买价为 273 000 元。该植物油厂当月将收购的油菜籽 60% 用于加工食用植物油，剩余部分用于无偿赠送给客户，已知购进农产品按 9% 的扣除率计算进项税额。该植物油厂当月上述业务准予抵扣的进项税额的下列计算结果中，正确的是（　　）。

A. 24 570 元　　B. 27 000 元
C. 9 828 元　　D. 14 742 元

13. 关于增值税一般纳税人与小规模纳税人的说法，错误的是（　　）。

A. 小规模纳税人一般不得开具增值税专用发票
B. 小规模纳税人不得抵扣进项税额
C. 个人可以成为小规模纳税人
D. 纳税人登记为一般纳税人后，不得转为小规模纳税人

14. 下列各项中，属于免征增值税范围的是（　　）。

A. 烟叶　　B. 古旧图书
C. 音像制品　　D. 中药饮片

15. 小规模纳税人的认定标准中，销售货物、提供加工修理修配劳务和销售服务、无形资产、不动产的年应税销售额应为（　　）。

A. 小于或等于 100 万元　　B. 小于或等于 200 万元
C. 小于或等于 500 万元　　D. 小于或等于 800 万元

16. 纳税人将购买的货物用于（　　）项目时，其增值税进项税额准予抵扣。

A. 生产免税产品　　B. 个人消费
C. 无偿赠送客户　　D. 作为福利发放给职工

17. 在计算确认增值税销项税额时，销售额不包括（　　）。

A. 向购买方收取的全部价款　　B. 向购买方收取的滞纳金
C. 向购买方收取的装卸费　　D. 已收取的销项税额

18. 下列各项中，应计算增值税销项税额的项目是（　　）。

A. 将购买的货物用于集体福利　　B. 将自产的货物用于非应税项目
C. 将购买的货物用于非应税项目　　D. 将购买的货物用于个人消费

19. 甲公司为增值税一般纳税人，采取以旧换新方式销售 50 台某小型家电，该小型家电同期含增值税销售价格为 678 元/台，扣减旧家电收购价格后实际收取含增值税价款 565 元/台。甲公司当月该业务增值税销项税额的下列计算结果中，正确的是（　　）。

A. 4 407 元　　B. 3 672. 5 元
C. 3 250 元　　D. 3 900 元

20. 甲企业为增值税一般纳税人，主要从事家具的制作和销售业务。2022 年 6 月销售书柜取得含税收入 73 902 元，销售书柜的同时提供书柜的安装服务取得含税收入 6 158.5 元。已知书柜的增值税税率为 13%，安装服务的增值税税率为 9%。甲企业当月上述业务的增值税销项税额为（　　）。

A. 9 010.5 元　　B. 9 210.5 元

C. 6 610.5 元　　D. 6 810.5 元

21. 甲公司为增值税一般纳税人，2022 年 6 月销售啤酒取得含增值税销售额 791 000 元，另收取包装物押金 40 000 元，且包装物押金单独记账核算。已知增值税税率为 13%，甲公司当月该笔业务增值税销项税额的下列计算结果中，正确的是（　　）。

A. 91 000 元　　B. 96 200 元

C. 108 030 元　　D. 102 830 元

22. 根据增值税法律制度的规定，下列关于增值税纳税地点的表述中，不正确的是（　　）。

A. 固定业户应当向其机构所在地的税务机关申报纳税

B. 非固定业户销售货物或者应税劳务，应当向其机构所在地或者居住地的税务机关申报纳税

C. 进口货物，应当向报关地海关申报纳税

D. 扣缴义务人应当向其机构所在地或者居住地的税务机关申报缴纳其扣缴的税款

23. 甲企业为增值税一般纳税人，2021 年 8 月销售空调取得含增值税价款 1 220.4 万元，另收取包装物押金 11.3 万元，约定 3 个月内返还；当月确认逾期不予退还的包装物押金为 22.6 万元。已知增值税税率为 13%，甲企业当月上述业务增值税销项税额的下列计算结果中，正确的是（　　）。

A. 163.059 万元　　B. 143 万元

C. 144.3 万元　　D. 161.59 万元

24. 甲公司为增值税一般纳税人，2021 年 9 月进口一批货物，海关审定的关税完税价格为 226 万元。已知增值税税率为 13%；关税税率为 10%。甲公司当月该笔业务应缴纳的增值税税额是（　　）。

A. 28.6 万元　　B. 26 万元

C. 32.318 万元　　D. 29.38 万元

25. 企业外购的经营性货物用于下列项目中，需要作进项税转出的是（　　）。

A. 用于建造固定资产　　B. 用于对外投资

C. 用于生产免税项目　　D. 用于生产产品

二、多项选择题

1. 下列各项中，不需要办理一般纳税人资格认定的有（　　　）。

A. 自然人

B. 选择按小规模纳税人纳税的个体工商户

C. 非企业性单位

D. 不经常发生应税行为的企业

2. 甲公司将自产货物用于下列用途时，应交增值税的有（　　）。

A. 作为中间产品继续加工使用　　B. 作为职工福利发放

C. 调运外省销售分公司准备出售　　D. 作为赠品送给顾客

3. 增值税的特点有（　　）。

A. 不重复征收　　B. 普遍征收

C. 多环节征收　　D. 同种产品最终售价相同时，税负相同

4. 下列各项中，（　　）是视同销售的行为。

A. 将自产或委托加工的货物用于非应税项目、集体福利或个人消费

B. 将自产或委托加工的货物用于投资给其他单位

C. 将自产或委托加工的货物用于分配给股东或投资者

D. 将自产或委托加工的货物用于无偿赠送给他人

5. 下列购进物资中，（　　）只要取得增值税专用发票，并在规定期限内进行认证，都可以抵扣进项税。

A. 购进的原材料

B. 购进的用于生产的机器设备

C. 购进的应征消费税的小轿车

D. 购进的用于运输货物的卡车

6. 下列方式中，（　　）取得固定资产的进项税额，凭增值税专用发票、海关进口增值税专用缴款书和运费结算单据，从销项税额中抵扣进项税额。

A. 购进（包括接受捐赠、实物投资）的固定资产

B. 用于自制（包括改扩建、安装）固定资产的购进货物或应税劳务

C. 通过商业租赁方式租入的固定资产

D. A、B 两项的运输费用

7. 下列项目中，不得从销项税额中抵扣进项税额的有（　　）。

A. 用于非增值税应税项目、免征增值税项目、集体福利或个人消费的购进货物或应税劳务

B. 非正常损失的购进货物及相关的应税劳务

C. 非正常损失的在产品、产成品所耗用的购进货物或应税劳务

D. 纳税人自用的消费品

8. 依据增值税法律制度的有关规定，增值税一般纳税人销售下列货物，适用 3% 征收率的有（　　）。

A. 县以下小型水力发电单位生产的电力

B. 自来水

C. 建筑用和生产建筑材料所用的砂、土、石料

D. 用微生物制成的生物制品

9. 根据增值税法律制度的规定，一般纳税人收取的下列款项中，应并入销售额计算销项税额的有（　　）。

A. 手续费

B. 违约金

C. 包装物租金

D. 受托加工应税消费品代收代缴的消费税

10. 根据增值税法律制度的规定，下列各项中，不征收增值税的有（　　）。

A. 物业管理单位收取的物业费

B. 被保险人获得的医疗保险赔付

C. 物业管理单位代收的住宅专项维修资金

D. 存款利息

11. 某公司当月发生的下列业务中，应视同销售货物征收增值税的有（　　）。

A. 将委托加工收回的10组实木书柜奖励给公司十佳员工

B. 将购进的3台数控开料机床作为投资提供给丁家具加工厂

C. 将自产的200张会议桌交付丙家具商城代销

D. 将外购的300条空调被作为福利发给职工

12. 某公司的下列进项税额中，准予从销项税额中抵扣的有（　　）。

A. 支付职工旅游住宿费的进项税额1 200元

B. 购进劳保用品取得普通发票注明税额300元

C. 购进货车的进项税额96 000元

D. 购进生产用液晶面板的进项税额480 000元

13. 下列各项中，免征增值税的项目有（　　）。

A. 农业生产者销售的自产农产品

B. 用于集体福利的自产货物

C. 由残疾人组织直接进口的残疾人专用的物品

D. 销售自己使用过的物品

14. 关于增值税视同销售行为的说法，错误的有（　　）。

A. 购进的货物用于集体福属于视同销售

B. 视同销售情况下，应按实际销售额计算缴纳增值税

C. 销售代销货物不属于视同销售

D. 自产货物无偿赠送不属于视同销售

15. 关于起征点的说法，正确的有（　　）。

A. 按期纳税的，为月应税销售额5 000—20 000元（含本数）

B. 按次纳税的，为次（日）销售额300—500元（含本数）

C. 增值税月销售额10万元以下（含本数）的增值税小规模纳税人，免征增值税

D. 增值税起征点适用于个人和登记为一般纳税人的个体工商户

16. 下列项目中，可以抵扣进项税额的有（　　）。

A. 租赁机器设备的租金　　B. 收购免税农产品

C. 购买不动产　　D. 购入货物支付的运费

17. 下列项目中，进项税额不得从销项税额中抵扣的有（　　）。

A. 购买用于简易计税项目的服务　　B. 购买旅客运输服务

C. 进口免税药品　　D. 购买无形资产

18. 关于收取包装物押金征收增值税的说法，正确的有（　　）。

A. 一般货物的包装物押金，单独核算的在收取时不计征增值税

B. 一般货物的包装物押金，单独核算的在逾期或超过一年仍不退还时计征增值税

C. 销售白酒的包装物押金在收取时就要计征增值税

D. 销售啤酒的包装物押金在收取时就要计征增值税

19. 关于纳税人销售货物或应税劳务的增值税纳税义务发生时间的说法，正确的有（　　）。

A. 收讫销货款的当天　　B. 签订销售合同的当天

C. 取得索取销货款凭据的当天　　D. 先开具发票的，为开具发票的当天

20. 关于增值税纳税地点的说法，正确的有（　　）。

A. 固定业户应当向其机构所在地主管税务机关申报纳税

B. 非固定业户销售货物的，应向其应税行为发生地主管税务机关申报纳税

C. 进口货物，应向报关地海关申报纳税

D. 扣缴义务人，应当向其机构所在地主管税务机关申报纳税

三、判断题

1. 增值税转型是指从生产型增值税转变为收入型增值税。（　）

2. 纳税人兼营不同税率产品的，如果不分别核算或者不能准确核算的，一律从高适用税率。（　）

3. 捐赠人无偿向受赠人捐赠的物资，不计算抵扣增值税进项税额。（　）

4. 自 2009 年 1 月 1 日起，企业购进的所有固定资产，都可抵扣进项税额。（　）

5. 委托其他人代销货物的，其销售额的确认为收到代销单位销售的代销清单的当天，若未收到代销清单及货款的，则不计销售额。（　）

6. 商业折扣和现金折扣无论怎样开具增值税专用发票，均不得从销售额中扣减折扣额。（　）

7. 采用以旧换新方式销售货物的，应按新货物的同期销售价格，扣减旧货物的收购价格后计算销售价格。（　）

8. 纳税人为销售货物而出租、出借包装物收取的押金，无论是否单独记账核算，均应并入销售额计算销项税额。（　）

9. 增值税一般纳税人外购的货物因违反法律法规被依法销毁的，其进项税额不得从销项税额中抵扣。（　）

10. 甲公司为增值税一般纳税人，2022 年 12 月销售人员因公出差购进国内旅客运输服务，取得的注明员工身份信息的铁路车票，可以作为进项税额的抵扣凭证。（　）

11. 年应税销售额超过规定标准的其他个人也可以认定为一般纳税人。（　）

12. 年应税销售额未超过规定标准的纳税人，会计核算健全，能够提供准确税务资料的，可以向主管税务机关办理一般纳税人资格登记，成为一般纳税人。（　）

13. 交通运输服务包括陆路运输服务、水路运输服务、航空运输服务、管道运输服务和

物流辅助服务。 （ ）

14. 纳税人将自产的红酒作为中秋节福利发放给职工，属于视同销售行为，应计算缴纳增值税。 （ ）

15. 增值税起征点的适用范围适用于个人和个体工商户。 （ ）

16. 销售额是指纳税人发生应税行为取得的全部价款和价外费用，包括收取的增值税销项税额。 （ ）

17. 自然灾害造成购进货物的损失，其增值税进项税额不得抵扣。 （ ）

18. 纳税人购进的运输服务、贷款服务、餐饮服务、居民日常服务和娱乐服务的增值税进项税额不得抵扣。 （ ）

19. 纳税人提供建筑服务、租赁服务采取预收款方式的，其纳税义务发生时间为收到预收款的当天。 （ ）

20. 增值税纳税人以月（季）为纳税期限的，自期满之日起15日内申报纳税。 （ ）

四、计算题

1. 甲公司为增值税一般纳税人，2022年4月5日，销售办公桌椅200套，每套不含税销售额为800元，同时根据合同规定向对方收取装卸费6 780元。计算甲公司该笔业务的增值税销项税额。

2. 乙公司为增值税一般纳税人，2022年9月，将自产的520件食品礼盒作为中秋节福利发放给职工，该食品礼盒没有市场销售价格，每件食品礼盒的成本为240元，成本利润率为10%。计算乙公司该笔业务的增值税销项税额。

3. 乙公司为增值税一般纳税人，2022 年 5 月向某超市销售一批食品，取得不含税销售额为 52 000 元，同时向超市收取该批食品的包装物押金 620 元。计算乙公司该笔业务增值税销项税额。

4. 某公司为增值税一般纳税人。2022 年 6 月向某超市销售啤酒一批，取得含税销售额为 68 000 元，同时收取啤酒的包装物押金 580 元；销售红酒一批，取得含税销售额为 75 000 元，同时收取红酒的包装物押金 1 243 元。计算该公司上述业务的增值税销项税额。

5. 甲公司为增值税一般纳税人，主要从事各类办公家具的生产和销售业务，2022 年 6 月销售部员工王丽乘坐飞机到国内多地出差，取得注明员工身份信息的航空运输电子客票行程单，行程单上注明票价合计 32 700 元，民航发展基金 2 000 元。计算甲公司当月购进航空运输服务准予抵扣的增值税进项税额。

6. 甲服装厂为增值税一般纳税人，主要从事服装的生产和销售业务，2021 年 10 月发生如下交易或事项：购进一批生产用面料，取得的增值税专用发票上注明税额 50 000 元，向运输公司支付该面料运输费，取得的增值税专用发票上注明税额 600 元，因管理不善，购进面料失窃 10%；向乙专卖店销售一批成品，含税售价 282 500 元，由于采购量大，甲公司给予 10% 的商业折扣，并将销售额和折扣额在同一张发票上分别注明；将自产的 50 套新款服装无偿赠送给老客户，该批运动服生产成本 226 元/套，无同类运动服的销售价格。

（1）计算甲服装厂当月购进生产用面料准予抵扣的进项税额。

（2）计算甲服装厂当月销售成品的销项税额。

（3）计算甲服装厂当月无偿赠送新款服装的销项税额。

7. 丙公司为增值税一般纳税人，增值税税率为 13%，主要从事家用电器的生产与销售业务。6 月 5 日，销售 M 型冰箱，取得含增值税价款 4 520 000 元，另收取包装物租金 51 076 元。6 月 20 日，采取以旧换新方式销售 N 型液晶电视 100 台，N 型液晶电视同期含增值税销售单价为 3 390 元/台，旧彩电每台折价 316. 4 元。

（1）计算丙公司当月销售 M 型冰箱的增值税销项税额。

（2）计算丙公司当月采取以旧换新方式销售 N 型液晶电视的增值税销项税额。

8. 丁公司为小规模纳税人，适用的征收率为 3%。该公司本期购入材料 32 500 元，增值税税额 4 225 元。同期累计销售产品取得收入 50 000 元。本期购入材料中有 12 500 元用于某一在建工程项目，计算本期应交纳的增值税税额。

五、业务题

1. 新星机械制造厂是生产机械设备的一般纳税人，5 月发生下列经济业务（购进的货物均已验收入库，发票经过认证）：

（1）购进钢材一批，取得的增值税专用发票上注明价款 20 万元，增值税款 2.6 万元，款项以银行存款支付。

（2）购进设备一台，取得的增值税专用发票上注明价款 15 万元，增值税款 1.95 万元，款项以银行存款支付。

（3）收回委托加工材料一批，取得的增值税专用发票上注明加工费 1 万元，增值税款 1 300 元，款项以银行存款支付。

（4）本月销售通用机械 15 台，每台不含税售价 3 万元，款项均已经送存银行。

（5）本厂正在建设中的基建工程领用自产小型机械 5 台，每台成本价 5 000 元（无销售价格）。

要求：根据所列资料，分别编制每笔经济业务相关的会计分录，计算当月应交增值税额。

2. 某洗衣机厂为一般纳税人，3 月份发生下列经济业务：

（1）厂部办公室购买办公用品，取得的专用发票上注明价款 3 000 元，税款 390 元。

（2）当月购进材料若干批，取得的增值税专用发票上注明价款合计 60 万元，税款合计 7.8 万元，款项均已通过银行收讫，材料均已验收入库。

（3）当月销售的洗衣机中，有两台因质量问题在本月退回，退还购货方价款和税款，共计 4 520 元。

（4）销售洗衣机 1 000 台，取得的不含税销售价款 200 万元；另开具普通发票向购货方收取包装费 33 900 元，款项均已通过银行收讫。

（5）企业将自产的最新型号洗衣机 10 台用于奖励本厂优秀职工，已知每台洗衣机生产成本为 2 400 元。因尚未对外销售过，故无同类产品售价。

（6）因仓库保管员保管不善，导致仓库原材料被盗，经盘查，被盗材料不含税账面成本为 5 000 元。该材料适用 13% 的增值税税率。

（7）上月月末“应交税费——应交增值税”账户借方余额为 142 300 元。

要求：根据所列资料，分别编制每笔经济业务相关的会计分录，计算当月应交增值税额。

3. 某家具厂系增值税一般纳税人，适用的增值税税率为13%，1月发生如下经济业务：

（1）1月8日，销售给家具商城组合办公用家具一批，开具的增值税专用发票上注明：价款60万元，税额7.8万元，收到家具商城开具的商业承兑汇票。

（2）1月9日，向市木材公司购进原木一批并验收入库（税率9%），取得的增值税专用发票上注明：价款20万元，税额1.8万元，开出支票支付货款。

（3）1月10日，开具支票支付1月9日购进原木的运费，运输公司开具的货物运输业增值税专用发票上注明：运费5 000元，增值税450元。

（4）1月12日，将一套原售价为56 500元的家用家具经总经理批示以8折卖给关系户并开具普通销货发票：销售价格45 200元，已收取款项（已知该套家具的生产成本为35 000元）。

（5）上月购进的油漆因质量问题，经与销售单位协商，同意退货。1月7日到主管税务机关申请并取得《开具红字增值税专用发票通知单》，1月18日取得销售单位开具的红字增值税专用发票：价款1万元，税额1 300元，款项尚未收到。

（6）1月20日，生产车间更新改造工程领用的自产产品一批，生产成本为5万元。

（7）1月21日，客户上月委托定制的专用办公用家具已经完工，开具加工费增值税专用发票并向客户收取加工费5万元，增值税6 500元，款项尚未收到。

（8）1月25日，收到税务稽查决定书，稽查发现的部分外购板材（税率13%）不含税成本价6万元，因火灾毁损，其相应的进项税额应转出。

要求：编制每一笔经济业务相关的会计分录，计算出本月应缴纳的增值税。

六、实训题

【实训目的】

1. 掌握一般纳税人应纳增值税的计算；
2. 掌握一般纳税人增值税的账务处理；
3. 掌握一般纳税人增值税纳税申报表的填制。

【实训资料】

华新有限公司为一般纳税人，适用的增值税税率为13%。2022年3月初有上期留抵进项税额11 450.00元，2022年3月发生的经济业务如下：

（1）5日，从华普有限公司购入Ⅰ型材料，价税合计63 280.00元，取得增值税专用发票一张，款项已付。

（2）10日，向新地有限公司销售A产品，价税合计406 800.00元，开具增值税专用发票一张，款项暂未收取。

（3）18日，向大新有限公司销售A产品，价税合计212 440.00元，开具增值税专用发票一张，款项暂未收取。

（4）24日，取得海关进口增值税专用缴款书一份，进口Ⅱ型材料，价税合计135 600.00元，款项已付。

（5）26日，从四方有限公司购入Ⅲ型材料，价税合计169 500.00元，取得增值税专用发票一张，款项已付。

（6）26日，向天立有限公司销售A产品，价税合计110 740.00元，开具增值税普通发票一张，款项暂未收取。

（7）28日，将自产A产品捐赠给贫困山区，该批产品市场不含税售价共计56 500.00元。

【实训要求】

1. 编制以上业务的会计分录。
2. 计算本月应交增值税额。
3. 填制纳税申报表（见表3-1）。

【实训作答】

1. 会计分录如下：

（1）

（2）

（3）

（4）

（5）

（6）

（7）

2. 本月应交增值税额计算如下：

企业增值税销项税额统计

业务号	不含税销售额	税率	税额	价税合计金额
增值税专用发票清单				
小计		—		
增值税普通发票清单				
小计		—		
无票视同销售				
小计		—		
合计		—		

企业增值税进项税额统计

业务号	不含税购进额	税率	可抵扣税额	价税合计金额
增值税专用发票清单				
小计		—		
海关进口增值税专用缴款书				
小计		—		
合计		—		

销项税额 =

应抵扣税额 =

应交增值税额 =

应交城建税 =

应交教育费附加 =

应交地方教育附加 =

合计税额 =

3. 纳税申报表填写如下：

表 3-1 **增值税及附加税费申报表**

（一般纳税人适用）

税款所属期：2022 年 03 月 01 日至 2022 年 03 月 30 日　　填表日期：　　年　　月　　日　　金额单位：元（列至角分）

纳税人识别号（统一社会信用代码）：

纳税人名称：		法定代表人姓名		注册地址		生产经营地址	
开户银行及账号		登记注册类型				电话号码	

项目		栏次	一般项目		即征即退项目	
			本月数	本年累计	本月数	本年累计
销售额	（一）按适用税率计税销售额	1	702 500.00	702 500.00	0.00	0.00
	其中：应税货物销售额	2	702 500.00	702 500.00	0.00	0.00
	应税劳务销售额	3	0.00	0.00	0.00	0.00
	纳税检查调整的销售额	4	0.00	0.00	0.00	0.00
	（二）按简易办法计税销售额	5	0.00	0.00	0.00	0.00
	其中：纳税检查调整的销售额	6	0.00	0.00	0.00	0.00
	（三）免、抵、退办法出口销售额	7	0.00	0.00	—	—
	（四）免税销售额	8	0.00	0.00	—	—
	其中：免税货物销售额	9	0.00	0.00	—	—
	免税劳务销售额	10	0.00	0.00	—	—
税款计算	销项税额	11	91 325.00	91 325.00	0.00	0.00
	进项税额	12	42 380.00	42 380.00	0.00	0.00
	上期留抵税额	13	11 450.00	0.00	0.00	—
	进项税额转出	14	0.00	0.00	0.00	0.00
	免、抵、退应退税额	15	0.00	0.00	—	—
	按适用税率计算的纳税检查应补缴税额	16	0.00	0.00	—	—
	应抵扣税额合计	17 = 12 + 13 - 14 - 15 + 16	53 830.00	—	0.00	—
	实际抵扣税额	18（如 17 < 11，则为 17，否则为 11）	53 830.00	0.00	0.00	0.00
	应纳税额	19 = 11 - 18	37 495.00	0.00	0.00	0.00
	期末留抵税额	20 = 17 - 18	0.00	0.00	0.00	—
	简易计税办法计算的应纳税额	21	0.00	0.00	0.00	0.00
	按简易计税办法计算的纳税检查应补缴税额	22	0.00	0.00	—	—
	应纳税额减征额	23	0.00	0.00	0.00	0.00
	应纳税额合计	24 = 19 + 21 - 23	37 495.00	0.00	0.00	0.00

续表

项目		栏次	一般项目		即征即退项目	
			本月数	本年累计	本月数	本年累计
税款缴纳	期初未缴税额（多缴为负数）	25	0.00	0.00	0.00	0.00
	实收出口开具专用缴款书退税额	26	0.00	0.00	—	—
	本期已缴税额	27 = 28 + 29 + 30 + 31	0.00	0.00	0.00	0.00
	①分次预缴税额	28	0.00	—	0.00	—
	②出口开具专用缴款书预缴税额	29	0.00	—	—	—
	③本期缴纳上期应纳税额	30	0.00	0.00	0.00	0.00
	④本期缴纳欠缴税额	31	0.00	0.00	0.00	0.00
	期末未缴税额（多缴为负数）	32 = 24 + 25 + 26 − 27	37 495.00	0.00	0.00	0.00
	其中：欠缴税额（≥0）	33 = 25 + 26 − 27	0.00	—	0.00	—
	本期应补（退）税额	34 = 24 − 28 − 29	37 495.00	—	0.00	—
	即征即退实际退税额	35	0.00	—	0.00	0.00
	期初未缴查补税额	36	0.00	0.00	—	—
	本期入库查补税额	37	0.00	0.00	—	—
	期末未缴查补税额	38 = 16 + 22 + 36 − 37	0.00	0.00	—	—
附加税费	城市维护建设税本期应补（退）税额	39	2 624.65	0.00	—	—
	教育费附加本期应补（退）费额	40	1 124.85	0.00	—	—
	地方教育附加本期应补（退）费额	41	749.90	0.00	—	—

声明：此表是根据国家税收法律法规及相关规定填写的，本人（单位）对填报内容（及附带资料）的真实性、可靠性、完整性负责。

纳税人（签章）：　　年　　月　　日

经办人： 经办人身份证号： 代理机构签章： 代理机构统一社会信用代码：	受理人： 受理税务机关（章）： 受理日期：　　年　　月　　日

4 第四单元 消费税核算

一、单项选择题

1. 根据消费税法律制度的规定，下列各项中，不属于消费税征税范围的是（　　）。

A. 成品油　　B. 轮胎

C. 烟丝　　D. 实木地板

2. 某公司将自制产品作为职工福利发放，该产品成本 100 万元，核定的利润 40 万元，适用 30% 的消费税税率，则该产品应交消费税（　　）万元。

A. 12　　B. 30

C. 60　　D. 42

3. 根据现行消费税法律制度的规定，纳税人外购下列已税消费品用于连续生产应税消费品的，其已缴纳的消费税税款不能从应交消费税税额中抵扣的是（　　）。

A. 外购已税烟丝为原料生产的卷烟

B. 外购已税珠宝玉石为原料生产的珠宝玉石

C. 外购已税化妆品为原料生产的高档化妆品

D. 外购已税汽车生产的小轿车

4. 根据消费税法律制度的规定，下列选项中，不需要征收消费税的是（　　）。

A. 进口电子烟　　B. 零售白酒

C. 零售超豪华小汽车　　D. 零售金银首饰

5. 确定消费税的应税销售额时，不能计入销售额中的项目是（　　）。

A. 消费税　　B. 价外收取的基金

C. 增值税　　D. 包装费

6. 某化妆品公司（一般纳税人）10 月销售给甲经销商高档化妆品（消费税税率 15%）100 箱，售价为 1 000 元/箱（不含增值税），销售给乙经销商同类高档化妆品 80 箱，售价为 1 100 元/箱（不含增值税）；当月，还将 20 箱同类高档化妆品发给其原材料供应商以抵偿上月的应付货款。10 月份该化妆品公司应缴纳消费税（　　）元。

A. 31 500　　B. 31 754

C. 32 560　　D. 33 400

7. 我国消费税对不同应税消费品采用了不同的税率形式。下列应税消费品中，适用复合计税方法计征消费税的是（　　）。

A. 白酒　　B. 酒精

C. 成品油　　D. 摩托车

8. 甲公司为增值税一般纳税人，主要生产和销售高档化妆品。甲公司受托加工高档香水，收取不含增值税加工费50万元，委托方提供的原材料成本580万元，甲公司无同类产品销售价格。不考虑其他因素，甲公司受托加工高档香水应代收代缴的消费税税额是（　　）。

A. $580\times15\%=87$（万元）

B. $(580+50)\times15\%=94.5$（万元）

C. $(580+50)\div(1-15\%)\times15\%=111.2$（万元）

D. $(580+50)\div(1+15\%)\times15\%=82.2$（万元）

9. 某化妆品厂将其生产的某品牌高档化妆品作为福利发给本厂职工，该类产品无同类消费品销售价格，生产成本为12 000元，成本利润率为10%，该化妆品适用的消费税税率为15%。不考虑其他因素，则该厂应缴纳的消费税为（　　）元。

A. 1 980　　B. 1 008

C. 1 088.64　　D. 2 329.41

10. 甲企业为增值税一般纳税人，主要从事小汽车制造和销售业务。10月销售1辆定制小汽车取得含增值税价款2 260 000元，另收取手续费339 000元。不考虑其他因素，甲企业销售定制小汽车应缴纳的消费税税额是（　　）元。

A. 113 000　　B. 115 000

C. 100 000　　D. 129 950

11. 某酒厂为增值税一般纳税人，4月份销售白酒4 000斤，取得销售收入13 560元（含增值税）。已知白酒消费税定额税率为0.5元/斤，比例税率为20%。不考虑其他因素，该酒厂4月应缴纳的消费税税额为（　　）元。

A. 6 229.92　　B. 5 510

C. 5 000　　D. 4 400

12. 某化妆品企业为增值税一般纳税人，4月销售一批高档化妆品，取得销售收入（含增值税）79 100元。已知该化妆品适用的消费税税率为15%，该化妆品企业4月应缴纳的消费税税额为（　　）元。

A. 10 500　　B. 22 200

C. 24 570　　D. 25 770

13. 委托加工的应税消费品，由受托方代收代缴消费税的计税依据应为（　　）。

A. 市场上同类消费品的不含增值税销售价格

B. 受托方同类消费品的不含增值税销售价格

C. 委托方同类消费品的不含增值税销售价格

D. 以“（材料成本＋加工费）×（1＋成本利润率）÷（1－消费税税率）”计算出的组成计税价格

14. 甲企业为增值税一般纳税人，主要从事小汽车制造和销售业务。采取预收款方式销售给4S店一批小汽车，10月6日签订合同，10月11日收到预收款，10月15日发出小汽车，10月18日开具发票。消费税的纳税义务发生时间是（　　）。

A. 10月6日　　B. 10月11日

C. 10月15日　　D. 10月18日

15. 甲商场为一般纳税人，2021年10月采取以旧换新方式销售黄金首饰，新首饰含增值税市场零售价为135 600元，旧首饰作价22 600元，甲商场实际收取含增值税款项113 000元。已知黄金首饰适用的增值税税率为13%；消费税税率为5%。计算甲商场上述业务应缴纳消费税税额的下列算式中，正确的是（　　）。

A. $135\ 600 \div (1+13\%) \times 5\% = 6\ 000$（元）

B. $113\ 000 \times 5\% = 5\ 650$（元）

C. $135\ 600 \times 5\% = 6\ 780$（元）

D. $94\ 920 \div (1+13\%) \times 5\% = 5\ 000$（元）

16. 3月甲公司进口一批摩托车，海关核定的关税完税价格1 800万元，已知关税税率45%，消费税税率10%，计算甲公司当月该笔业务应缴纳消费税税额的下列算式中，正确的是（　　）。

A. $1\ 800 \div (1-10\%) \times 10\% = 200$（万元）

B. $1\ 800 \times 10\% = 180$（万元）

C. $(1\ 800 + 1\ 800 \times 45\%) \times 10\% = 261$（万元）

D. $(1\ 800 + 1\ 800 \times 45\%) \div (1-10\%) \times 10\% = 290$（万元）

17. 10月甲烟草批发企业向乙卷烟零售店销售卷烟100标准条，取得不含增值税销售额10 000元；向丙烟草批发企业销售卷烟150标准条，取得不含增值税销售额15 000元。已知卷烟批发环节消费税比例税率为11%，定额税率为0.005元/支；每标准条200支卷烟。计算甲烟草批发企业当月上述业务应缴纳消费税税额的下列算式中，正确的是（　　）。

A. $10\ 000 \times 11\% + 15\ 000 \times 11\% = 2\ 750$（元）

B. $10\ 000 \times 11\% + 100 \times 200 \times 0.005 = 1\ 200$（元）

C. $15\ 000 \times 11\% + 150 \times 200 \times 0.005 = 1\ 800$（元）

D. $10\ 000 \times 11\% + 100 \times 200 \times 0.005 + 15\ 000 \times 11\% + 150 \times 200 \times 0.005 = 3\ 000$（元）

18. 甲公司为增值税小规模纳税人，2018年10月销售自产葡萄酒，取得含增值税销售额161 504元。已知该业务适用的增值税征收率为3%；葡萄酒消费税税率为10%。计算甲公司当月该笔业务应缴纳消费税税额的下列算式中，正确的是（　　）。

A. $161\ 504 \times (1-10\%) \times 10\% = 14\ 535.36$（元）

B. $161\ 504 \div (1-10\%) \times 10\% = 17\ 944.89$（元）

C. $161\ 504 \div (1+3\%) \times 10\% = 15\ 680$（元）

D. $161\ 504 \times 10\% = 16\ 150.4$（元）

19. 根据消费税法律制度的规定，下列关于卷烟消费税政策的说法中，不正确的是（　　）。

A. 卷烟在批发环节加征一道从量税

B. 烟草批发企业将卷烟销售给零售单位的，要再征一道11%的从价税，并按0.005

元/支加征从量税

C. 烟草批发企业将卷烟销售给其他烟草批发企业的，不缴纳消费税

D. 卷烟批发企业在计算应纳税额时不得扣除已含的生产环节的消费税税款

20. 根据消费税法律制度的规定，下列关于消费税纳税义务发生时间的表述中，不正确的是（　　）。

A. 纳税人自产自用应税消费品的，为移送使用的当天

B. 纳税人进口应税消费品的，为报关进口的当天

C. 纳税人委托加工应税消费品的，为支付加工费的当天

D. 纳税人采取预收货款结算方式销售应税消费品的，为发出应税消费品的当天

二、多项选择题

1. 根据消费税法律制度的规定，纳税人用于（　　）的应税消费品，应当以纳税人同类应税消费品的最高销售价格作为计税依据计算征收消费税。

A. 换取生产资料　　B. 换取消费资料

C. 投资入股　　D. 抵偿债务

2. 下列情况中，不得作为委托方加工应税消费品，而应当按销售自制应税消费品缴纳消费税的有（　　）。

A. 由受托方提供原材料生产的应税消费品

B. 由受托方提供以委托方名义购进原材料生产的应税消费品

C. 受托方先将原材料卖给委托方，然后再接受加工的应税消费品

D. 由委托方提供原材料和主要材料，受托方只收取加工费和代垫部分辅助材料加工的应税消费品

3. 根据消费税法律制度的规定，白酒生产企业销售自产白酒收取的下列款项中，应并入销售额计征消费税的有（　　）。

A. 包装物租金　　B. 增值税税款

C. 品牌使用费　　D. 延期付款利息

4. 根据消费税法律制度的规定，纳税人销售自产红酒向购买方收取的下列款项中，应计入消费税计税依据的有（　　）。

A. 增值税税款　　B. 包装物押金

C. 包装费　　D. 包装物租金

5. 根据消费税法律制度的规定，下列各项中，属于消费税征税范围的有（　　）。

A. 黄酒　　B. 酒精

C. 白酒　　D. 啤酒

6. 下列各项中，符合消费税纳税地点规定的有（　　）。

A. 委托加工的应税消费品，由委托方向所在地税务机关申报缴纳

B. 进口的应税消费品，由进口人或其代理人向报送地海关申报缴纳

C. 纳税人的总机构与分支机构不在同一县（市）的，分支机构应回总机构申报缴纳

D. 纳税人到外县（市）销售自产应税消费品的，应回纳税人核算地或所在地申报缴纳

7. 根据消费税法律制度的有关规定，纳税人外购和委托加工的特定应税消费品，用于继续生产应税消费品的，已缴纳的消费税税款准予从应纳消费税税额中抵扣，下列各项中，可以抵扣已缴纳的消费税的有（　　）。

A. 外购的已税化妆品用于生产高档化妆品

B. 委托加工收回的已税玉石用于生产玉石首饰

C. 外购的已税汽车用于改装成小货车

D. 外购的已税烟丝用于生产卷烟

8. 根据消费税法律制度的规定，下列各项中，表述正确的有（　　）。

A. 包装物随同应税消费品销售的，无论包装物是否单独计价，也不论会计上如何核算，均应当计入应税消费品的销售额计征消费税

B. 逾期包装物押金应计入销售额，按照应税消费品的适用税率计征消费税

C. 收取1年以上的包装物押金应计入销售额，按照应税消费品的适用税率计征消费税

D. 酒类产品的包装物押金（啤酒、黄酒除外），无论押金是否返还以及会计上如何核算，销售时均应并入销售额计征消费税

9. 对于实行从量定额计税的应税消费品，下列计税依据正确的有（　　）。

A. 自产自用应税消费品的计税依据，为应税消费品的移送使用数量

B. 自产自用应税消费品的计税依据，为应税消费品的全部生产数量

C. 委托加工应税消费品的计税依据，为纳税人收回的应税消费品数量

D. 委托加工应税消费品的计税依据，为纳税人交付的应税消费品数量

10. 甲公司为增值税一般纳税人，主要从事小汽车的制造和销售业务。甲公司的下列中轻型商用客车中，应缴纳消费税的有（　　）。

A. 用于赞助的4辆　　B. 用于销售的171辆

C. 用于广告的3辆　　D. 用于本公司管理部门的2辆

11. 关于消费税的纳税环节的说法，正确的有（　　）。

A. 纳税人生产的应税消费品，应于销售时缴纳消费税

B. 纳税人自产自用的应税消费品，用于连续生产应税消费品的，不缴纳消费税

C. 纳税人自产自用的应税消费品，用于其他方面的，于移送使用时缴纳消费税

D. 进口的应税消费品，应于报关进口时缴纳消费税

12. 下列各项中，属于消费税纳税人的有（　　）。

A. 销售高档化妆品的商场　　B. 销售金银首饰的金店

C. 零售白酒的超市　　D. 进口卷烟的贸易公司

13. 消费税的计税依据有销售额和销售数量两种，其应纳税额的计算方法包括（　　）。

A. 从价定率计征

B. 从量定额计征

C. 超额累进计征

D. 从价定率和从量定额相结合的复合计征

14. 从价定率和从量定额相结合复合计征方法征收的应税消费品包括（　　）。

A. 啤酒　　B. 白酒

C. 雪茄烟　　D. 卷烟

15. 关于消费税纳税义务发生时间的说法，正确的有（　　）。

A. 纳税人采取预收货款结算方式销售应税消费品的，为发出应税消费品的当天

B. 纳税人自产自用应税消费品的，为移送使用的当天

C. 纳税人委托加工应税消费品的，为纳税人提货的当天

D. 纳税人进口应税消费品的，为报关进口的当天

三、判断题

1. 纳税人自产自用的应税消费品，均应于移送使用时缴纳消费税。（　　）

2. 委托加工的应税消费品，除受托方为个人之外，应由受托方在向委托方交货时代收代缴消费税。（　　）

3. 企业委托个人加工应税消费品，受托方应向居住地缴纳消费税。（　　）

4. 某摩托车生产企业为增值税一般纳税人，6 月份将生产的某型号摩托车 30 辆，以每辆出厂价 12 000 元（不含增值税）出售给某门市部；门市部又以每辆 15 820 元（含增值税）出售给消费者。该摩托车生产企业 6 月应缴纳消费税税额为 42 000 元（摩托车适用的消费税税率为 10%）。（　　）

5. 某生产企业本月接受委托加工应税消费品（没有同类消费品销售价格），收取的加工费为 18 万元、增值税为 2.34 万元；委托方提供的原材料成本为 585 万元。该生产企业代收代缴的消费税为 106.41 万元（该应税消费品适用的消费税税率为 15%）。（　　）

6. 某酒厂（小规模纳税人）通过自设非独立核算门市部以出厂价销售一批自产果酒，开具的增值税普通发票上注明销售额 5 000 元，成本 3 000 元，消费税税率 15%，其计征消费税的销售额应为 728.16 元。（　　）

7. 应交增值税的货物都应交消费税。（　　）

8. 纳税人采用以旧换新（含翻新改制）方式销售的金银首饰，应按实际收取的不含增值税的全部价款确定计税依据征收消费税。（　　）

9. 贵重首饰及珠宝玉石全部在生产销售环节缴纳消费税。（　　）

10. 用自产的应税消费品连续生产应税消费品，在计征消费税时，可以按当期生产领用数量计算准予扣除的应税消费品已纳消费税税款。（　　）

11. 消费税征税环节单一，一般选择在出厂销售或进口环节征税。（　　）

12. 纳税人进口应税消费品，应当自海关填发海关进口消费税专用缴款书之日起 10 日内申报缴纳税款。（　　）

13. 啤酒、黄酒的包装物押金，当押金逾期时，不征收消费税。（　　）

14. 企业生产销售需要缴纳消费税的消费品，不再缴纳增值税。（　　）

15. 纳税人兼营不同税率的应税消费品，未分别核算的，按最高税率征税。（　　）

四、计算题

1. 百泉酒厂为增值税一般纳税人，2 月份销售白酒 20 吨，取得销售收入 135 600 元

（含增值税）。已知白酒消费税定额税率为每500克0.5元，比例税率为20%。该酒厂2月份应缴纳的消费税税额为多少元？

2. 某啤酒厂生产销售甲乙两种啤酒，甲啤酒不含增值税价2 800元/吨，乙啤酒不含增值税价2 600元/吨，两种啤酒均另收取包装物押金300元/吨。当月销售甲啤酒200吨、乙啤酒300吨，该啤酒厂当月应缴多少消费税？

3. 某卷烟生产企业为增值税一般纳税人，本月销售乙类卷烟1 500标准条，取得含增值税销售额84 750元。已知乙类卷烟适用的消费税比例税率为36%，定额税率为0.003元/支，1标准条有200支；卷烟适用的增值税税率为13%。计算该企业本月应纳消费税税额。

五、业务题

1. 甲化妆品公司为增值税一般纳税人，主要从事各类化妆品的生产销售与加工业务。

2022 年 10 月有关经营情况如下：

（1）与乙公司签订买卖合同，销售自产 M 型高档化妆品 3 000 盒，每盒不含增值税售价 1 000 元。其中，采取直接收款方式销售 2 000 盒，已取得销售款并开具发票；采取分期收款方式销售 1 000 盒，合同约定本月应收取 300 盒销售款，但截至月底只收到 100 盒销售款，甲化妆品公司未开具发票。

（2）与丙公司签订买卖合同，销售成套化妆品 500 盒，每盒不含增值税售价 1 700 元。每盒中包含自产 Y 型高档化妆品和外购的工艺品各一套，不含增值税售价分别为 1 615 元、85 元。

（3）与丁商贸公司签订承揽合同，受托加工其定制的高档化妆品，按合同约定，丁商贸公司提供的原材料成本为 212 500 元，甲化妆品公司收取不含增值税加工费 63 750 元，其中包含代垫的辅助材料费 5 100 元。甲化妆品公司无同类高档化妆品销售价格。丁商贸公司已于当月提货。

已知高档化妆品消费税税率为 15%。

要求：根据上述资料，不考虑其他因素，分析回答下列问题。

（1）计算甲化妆品公司当月销售自产 M 型高档化妆品应缴纳消费税税额。

（2）计算甲化妆品公司当月销售成套化妆品应缴纳消费税税额。

（3）计算甲化妆品公司当月受托为丁商贸公司加工定制的高档化妆品应代收代缴消费税税额。

2. 甲公司为增值税一般纳税人，主要从事小汽车的制造和销售业务。2021 年 7 月有关经营情况如下：

（1）销售 1 辆定制的自产小汽车，取得含增值税价款 22.6 万元，另收取手续费 3.39 万元。

（2）将 10 辆自产小汽车对外投资，小汽车生产成本 9 万元/辆，甲公司同类小汽车不含增值税最高销售价格 17 万元/辆、平均销售价格 15 万元/辆、最低销售价格 12 万元/辆。

已知销售小汽车增值税税率为 13%，消费税税率为 5%。

要求：根据上述资料，不考虑其他因素，分析回答下列问题。

（1）计算甲公司当月销售定制的自产小汽车应缴纳消费税税额。

（2）计算甲公司当月以自产小汽车对外投资应缴纳消费税税额。

3. 某市卷烟厂为增值税一般纳税人，主要生产云雾牌卷烟，该品牌卷烟不含税调拨价每标准条 55 元，最高不含税售价每标准条 58 元。10 月发生如下几笔业务：

（1）从甲卷烟厂购入一批已税烟丝，取得的防伪税控系统增值税专用发票上注明价款 30 万元，增值税税额 3.9 万元，上述货物均已经验收入库。

（2）进口一批烟丝，关税完税价格 100 万元，关税税额 5 万元。海关征收进口环节相关税费后放行。

（3）与某商场签订购销合同，按照调拨价将本厂生产的 20 标准箱卷烟交由商场销售，合同约定当月结款 50%，但是商场因资金周转问题，实际只给结了 40% 的款项。

（4）将国内采购和进口的烟丝均领用了 40%，用于生产云雾牌卷烟，当月向某批发站按照调拨价销售 100 标准箱（每标准箱 250 条）云雾牌卷烟，取得不含税销售额 137.5 万元。

（5）按最高出厂价向某事业单位销售云雾牌卷烟 10 标准箱。

（6）以 10 标准箱云雾牌卷烟抵偿欠外单位的货款。

要求：根据上述资料回答下列问题（单位为万元）：

（1）该企业本月应交进口环节消费税税额。

（2）该企业与商场之间的赊销业务应交消费税税额。

（3）该企业向批发站销售卷烟应交消费税税额。

（4）该企业向某事业单位销售卷烟应交消费税税额。

（5）该企业抵债卷烟应交消费税税额。

（6）该企业当期应向税务机关缴纳的消费税税额。

4. 海马汽车制造公司为增值税一般纳税人，生产销售 A 型小汽车，出厂不含税单价为每辆 9 万元，该小轿车的消费税税率为 5%。1 月份购销情况如下：

（1）向当地汽车贸易中心销售小汽车 80 辆，并开具增值税专用发票，汽车贸易中心当月付清货款。

（2）向外地特约经销点销售小汽车 50 辆，货款两清，开具增值税专用发票。同时支付给运输单位 7 600 元，取得运输单位开具的货运增值税发票上注明运费 6 972.48 元，增值税 627.52 元；取得的运费发票已于当月通过税务机关的比对。

（3）逾期仍未收回的包装物押金 67 800 元，计入销售收入。

（4）从小规模纳税人处购进小轿车零件 9 万元，取得增值税普通发票。

（5）采购小轿车零部件、原材料，取得的防伪税控增值税专用发票上注明价款为 580

万元，税款为75.4万元；取得的专用发票已于当月向税务机关申请并通过认证。

（6）本月共向客户收取提车加急费120 000元。

要求：根据上述资料及税法相关规定，回答下列各小题。

（1）计算该厂当月增值税销项税额。

（2）计算该厂当月可抵扣的增值税进项税额。

（3）计算该厂当月应交增值税税额。

（4）计算该厂当月应交消费税税额。

（5）写出每笔业务的会计分录。

六、实训题

【实训目的】

1. 掌握消费税的计算。

2. 掌握消费税的账务处理。

3. 能准确编制消费税纳税申报表。

【实训资料】

欣欣化妆品有限公司是增值税一般纳税人，生产A、B、C三类不同类型的高档化妆品，三种高档化妆品适用的消费税税率均为15%。该企业的纳税人识别号为：44010174189824100000；财务负责人：王小天；办税人员：李红。公司2019年10月发生下列应税业务：

1. 本月销售A类高档化妆品3 000箱，每箱不含增值税价格为8 200元，增值税319.8万元。

2. 销售本企业生产的B类高档化妆品100箱，每箱不含增值税价格为5 800元，取得销售额58万元。

3. 国庆节，向全体女职工发放C类高档化妆品150套，每套计税价格300元。

【实训要求】

1. 计算A、B、C三类高档化妆品分别应缴纳的消费税及8月份应缴纳的消费税。

2. 计算A、B、C三类高档化妆品8月份应缴纳的增值税。

3. 编制每笔业务的会计分录并填制消费税纳税申报表（见表4-1）。

表 4－1 **其他应税消费品消费税纳税申报表**

税款所属期：　年　月　日至　年　月　日

纳税人名称（公章）：

纳税人识别号：□□□□□□□□□□□□□□□□□□□□

填表日期：　年　月　日　　　　金额单位：元（列至角分）

项目 / 应税消费品名称	适用税率	销售数量	销售额	应纳税额
合计	—	—		

本期准予抵减税额： 本期减（免）税额： 期初未缴税额：	**声明** 此纳税申报表是根据国家税收法律的规定填报的，我确定它是真实的、可靠的、完整的。 经办人（签章）： 财务负责人（签章）： 联系电话：
本期缴纳前期应纳税额： 本期预缴税额： 本期应补（退）税额： 期末未缴税额：	（如果你已委托代理人申报，请填写） **授权声明** 为代理一切税务事宜，现授权＿＿＿＿＿＿（地址）＿＿＿＿＿＿＿＿＿＿为本纳税人的代理申报人，任何与本申报表有关的往来文件，都可寄予此人。 授权人签章：

以下由税务机关填写

受理人（签章）：　　受理日期：　年　月　日　　受理税务机关（章）：

5 第五单元 企业所得税核算

一、单项选择题

1. 下列各项中，适用我国企业所得税法律制度的是（　　）。

A. 合伙企业　　B. 有限责任公司

C. 个人独资企业　　D. 个体工商户

2. 根据企业所得税法律制度的规定，下列各项中，不属于企业所得税纳税人的是（　　）。

A. 股份有限公司　　B. 合伙企业

C. 联营企业　　D. 出版社

3. 下列关于所得税定义的理解，正确的是（　　）。

A. 应以纳税义务人的收入为征税对象

B. 收入可以用实物资产计量

C. 所得税是间接税

D. 应以纳税义务人的所得额为征税对象

4. 根据《企业所得税法》的规定，下列各项中，不属于企业所得税纳税人的是（　　）。

A. 有限责任公司　　B. 上市公司

C. 中外合资经营企业　　D. 合伙企业

5. 根据《企业所得税法》的规定，下列关于居民企业和非居民企业的说法，不正确的是（　　）。

A. 依照中国法律、法规在中国境内成立的企业是居民企业

B. 依照外国法律成立，实际管理机构在中国境内的企业是居民企业

C. 在境外成立的企业都是非居民企业

D. 在中国境内设立机构、场所且在境外成立的实际管理机构不在中国境内的企业是非居民企业

6. 下列公司中，属于非居民企业的是（　　）。

A. 在我国注册成立的沃尔玛（中国）公司

B. 通用汽车（中国）公司

C. 在百慕大群岛注册，公司总部设在中国北京的企业

D. 在百慕大群岛注册，实际管理机构在英国，但收入中有50%来自中国

7. 根据企业所得税法律制度规定，下列各项中，属于企业所得税纳税人的是（　　）。

A. 有限责任公司　　B. 个体工商户

C. 合伙企业　　D. 个人独资企业

8. 根据企业所得税法律制度的规定，下列不属于企业所得税纳税人的是（　　）。

A. 股份有限公司　　B. 合伙企业

C. 报社　　D. 中国工商银行

9. 非居民企业在中国境内未设立机构、场所的，或者虽设立机构、场所但取得的所得与其所设机构、场所没有实际联系的，其就来源于中国境内的所得缴纳企业所得税时，适用的税率为（　　）。

A. 20%　　B. 25%

C. 3%　　D. 10%

10. 小型微利企业适用的企业所得税税率是（　　）。

A. 10%　　B. 15%

C. 20%　　D. 25%

11. 外国企业甲公司在中国境内设立了代表处，但其来源于中国境内的商标权转让收入所得与所设立的机构没有实际联系，其商标权转让收入所得预提所得税税率是（　　）。

A. 25%　　B. 18%

C. 20%　　D. 10%

12. 下列关于企业所得税应纳税所得额的计算公式，正确的是（　　）。

A. 应纳税所得额 = 每一纳税年度的收入总额 - 不征税收入 - 各项扣除项目 - 允许弥补的以前年度亏损

B. 应纳税所得额 = 每一纳税年度的收入总额 - 不征税收入 - 免税收入 - 各项扣除项目 - 允许弥补的以前年度亏损

C. 应纳税所得额 = 每一纳税年度的收入总额 - 免税收入 - 各项扣除项目

D. 应纳税所得额 = 每一纳税年度的收入总额 - 不征税收入 - 免税收入 - 各项扣除项目

13. 根据企业所得税法律制度的规定，下列各项中，不应计入应纳税所得额的是（　　）。

A. 股权转让收入

B. 因债权人缘故确实无法支付的应付款项

C. 依法收取并纳入财政管理的行政事业性收费

D. 接受捐赠收入

14. 下列关于企业所得税免税收入的表述中，不正确的是（　　）。

A. 国债利息收入属于免税收入

B. 符合条件的居民企业之间的股息、红利等权益性投资收益属于免税收入

C. 外国企业在中国境内设立的办事处取得的股票买卖收入属于免税收入

D. 符合条件的非营利组织的收入属于免税收入

15. 根据《企业所得税法》的规定，销售商品采取预收款方式的，确认收入的时点是（　　）。

A. 办妥托收手续时　B. 发出商品时

C. 预收货款时　D. 收到全部货款时

16. 根据《企业所得税法》的规定，下列各项中，属于不征税收入的是（　　）。

A. 国债利息收入　B. 股权转让收入

C. 无法支付的应付款项　D. 财政拨款

17. 某生产企业为居民企业，本年实际发生合理的工资支出 100 万元，职工福利费支出 16 万元，职工培训费用支出 3 万元。不考虑其他因素，本年该企业计算应纳税所得额时，应调增应纳税所得额（　　）万元。

A. 1　B. 1.5

C. 2　D. 2.5

18. 某企业本年销售收入情况如下：销售收入 2 000 万元，企业发生管理费用 110 万元（其中：业务招待费 20 万元），发生的销售费用 600 万元（其中：广告费 300 万元、业务宣传费 180 万元），发生的财务费用 200 万元。不考虑其他因素，准予在企业所得税税前扣除的期间费用为（　　）万元。

A. 850　B. 720

C. 840　D. 910

19. 根据《企业所得税法》的规定，纳税人在计算企业所得税应纳税所得额时不得扣除的税金有（　　）。

A. 增值税　B. 城市维护建设税

C. 教育费附加　D. 房产税

20. 某生产企业因扩大生产规模新建厂房，上年 1 月 5 日向银行借入长期借款 3 000 万元，贷款年利率是 6.2%，5 月 9 日该厂房开始建设，本年 5 月 10 日房屋交付使用。不考虑其他因素，则上年度该企业可以在税前直接扣除的借款费用是（　　）万元。

A. 56.6　B. 35.4

C. 46.5　D. 62

21. 下列支出中，可以在计算企业所得税应纳税所得额时据实扣除的是（　　）。

A. 赞助支出　B. 合理的工资薪金

C. 职工福利费　D. 广告费

22. 某高新技术企业本年度实现的利润总额为 600 万元，假设无其他纳税调整事项，经税务机关核实的上年度亏损额为 250 万元。不考虑其他因素，该公司本年度应缴纳的企业所得税税额为（　　）万元。

A. 15　B. 30

C. 37.5　D. 52.5

23. 《企业所得税法》规定，某一纳税年度发生的亏损可以用下一年度的所得弥补，下一年度的所得不足以弥补的，可以逐年延续弥补，但最长不得超过（　　）年。

A. 3　B. 4

C. 5　　D. 6

24. 根据《企业所得税法》的规定，下列各项中，不得提取折旧的固定资产是（　　）。

A. 经营方式出租的固定资产　　B. 融资租赁方式租入的固定资产

C. 大修理停用的固定资产　　D. 经营租赁方式租入的固定资产

25. 国家重点扶持的某高新技术企业，2019 年亏损 15 万元，2020 年度亏损 10 万元，2021 年度盈利 15 万元，2022 年度亏损 10 万元，2023 年度盈利 120 万元。根据《企业所得税法》的规定，企业 2023 年应纳企业所得税税额为（　　）万元。

A. 18.75　　B. 17.25

C. 15　　D. 25

26. 某公司的基本资料如表 5－1 所示。

表 5－1

年份	2016	2017	2018	2019	2020	2021	2022
盈亏（万元）	－120	－50	10	30	30	40	70

请分析该企业亏损弥补的下列做法中，错误的是（　　）。

A. 该企业 2016 年度亏损 120 万元，按照税法规定可以申请用 2017—2021 年 5 年的盈利弥补

B. 2017 年发生了亏损，但仍应作为计算 2016 年度亏损弥补的第一年

C. 2017 年的亏损实际是由 2022 年度的盈利弥补的

D. 2022 年应纳税所得额为 10 万元

27. 某国有企业 2018 年度发生亏损，根据《企业所得税法》的规定，该亏损额可以用以后纳税年度的所得逐年弥补，但延续弥补的期限不得晚于（　　）。

A. 2020 年　　B. 2021 年

C. 2022 年　　D. 2023 年

28. 根据《企业所得税法》的规定，企业所得税的征收办法是（　　）。

A. 按月征收　　B. 按季征收

C. 按年计征，分月预缴　　D. 按年计征，分季或月预缴

29. 某企业本年利润总额为 80 万元，当年“营业外支出”账户中列支向红十字会的捐赠 10 万元。假设没有其他调整事项，该企业本年的企业所得税应纳税所得额为（　　）万元。

A. 80　　B. 90

C. 70　　D. 80.4

30. 某银行年度利润总额为 1 000 万元，营业外支出中公益性捐赠 50 万元。假定无其他调整项目，则该企业计税时公益及救济性捐赠扣除额为（　　）万元。

A. 15　　B. 15.75

C. 30　　D. 50

31. 某企业上年度通过当地政府向某灾区捐款 50 万元，均在营业外支出中列支。该企业当年实现利润总额 400 万元，假设不考虑其他纳税调整事项，根据企业所得税法律制度的

规定，该企业计算上年度应纳税所得额时，可税前扣除的捐赠金额为（　　）万元。

A. 50　　B. 48

C. 12　　D. 43

32. 根据《企业所得税法》的有关规定，纳税人取得的下列收入中，不计入应纳税所得额的是（　　）。

A. 金融债券的利息收入　　B. 国库券利息收入

C. 国库券转让收入　　D. 国家重点建设债券利息收入

33. 某商场年销售收入为 2 300 万元，租赁收入为 300 万元，营业外收入为 50 万元，业务招待费为 60 万元。该商场下列做法中，正确的是（　　）。

A. 按照 60 万元作为税前扣除的业务招待费

B. 按照 36 万元作为税前扣除的业务招待费

C. 按照 11.5 万元作为税前扣除的业务招待费

D. 按照 13 万元作为税前扣除的业务招待费

34. 某生产白酒的集体企业全年实现销售额 1 600 万元，成本 600 万元，销售税金及附加 460 万元，按规定列支各种费用 400 万元。已知上述成本费用中包括新产品开发费 80 万元、白酒广告费支出 50 万元。不考虑其他因素，该企业当年应纳企业所得税（　　）万元。

A. 15　　B. 33

C. 35　　D. 46.2

35. 某超市本年销售收入净额为 8 000 万元，全年发生业务招待费 35 万元，且能提供有效凭证。该超市在计算企业所得税应纳税所得额时，准予扣除的业务招待费为（　　）万元。

A. 40　　B. 35

C. 21　　D. 24

36. 根据企业所得税法律制度的规定，下列各项中，在计算企业所得税应纳税所得额时，不准扣除的项目是（　　）。

A. 土地增值税　　B. 固定资产转让费用

C. 固定资产修理费用　　D. 赞助支出

37. 在计算应纳税所得额时，下列项目中，可以列为成本、费用或者损失的是（　　）。

A. 未经核定的准备金支出　　B. 银行加收的罚息

C. 各项税收滞纳金和罚款　　D. 借款建造固定资产期间的利息支出

38. 根据企业所得税法律制度的有关规定，下列各项中，应计入企业所得税应纳税所得额的是（　　）。

A. 纳税人取得的财政性补贴　　B. 纳税人购买国债的利息收入

C. 纳税人接受捐赠的非货币性资产　　D. 纳税人取得的先征后返的流转税

39. 根据企业所得税法律制度的规定，下列各项中，在计算企业应纳税所得额时，不准从收入总额中扣除的是（　　）。

A. 增值税　　B. 印花税

C. 资源税　　D. 关税

40. 某企业本年度通过希望工程基金会向农村义务教育事业捐款50万元，直接向某学校捐款5万元，均在营业外支出中列支。该企业当年实现利润总额400万元。根据企业所得税法律制度的规定，该企业本年度应纳税所得额为（ ）万元。

A. 405　　B. 407

C. 355　　D. 455

41. 某企业通过民政部门向希望小学捐赠货物价款35万元，已知该企业当年的利润总额为90万元。不考虑其他因素，该企业准予在计算应纳税所得额时扣除的捐赠是（ ）万元。

A. 27　　B. 35

C. 10.8　　D. 2.7

42. 根据企业所得税法律制度的规定，下列各项中，在计算应纳税所得额时准予按一定比例扣除的公益性捐赠是（ ）。

A. 纳税人直接向某学校的捐赠

B. 纳税人通过企业向自然灾害地区的捐赠

C. 纳税人通过电视台向灾区的捐赠

D. 纳税人通过民政部门向贫困地区的捐赠

二、多项选择题

1. 下列各项中，属于企业所得税纳税人的有（ ）。

A. 在外国成立但实际管理机构在中国境内的企业

B. 在中国境内成立的外商独资企业

C. 在中国境内成立的个人独资企业

D. 在中国境内成立的合伙企业

2. 按照《企业所得税法》的规定，下列说法正确的有（ ）。

A. 企业所得税的基本税率是25%

B. 非居民企业在中国境内未设立机构、场所的，或者虽设立机构、场所但取得的所得与其场所没有实际联系的，应当就其来源于中国境内的所得缴纳企业所得税，即预提所得税，适用税率为20%

C. 符合条件的小型微利企业，减按20%的税率征收企业所得税

D. 国家需要重点扶持的高新技术企业，减按15%的税率征收企业所得税

3. 根据《企业所得税法》的规定，判定居民企业的标准有（ ）。

A. 所得来源地　　B. 登记注册地

C. 交易活动发生地　　D. 实际管理机构所在地

4. 根据《企业所得税法》的规定，企业分为居民企业和非居民企业，以下说法中，属于非居民企业的有（ ）。

A. 依照中国法律在中国境内成立的企业

B. 依照外国（地区）法律成立但实际管理机构在中国境内的企业

C. 依照外国（地区）法律成立且实际管理机构不在中国境内，但在中国境内设立机构、场所的企业

D. 在中国境内未设立机构、场所，但有来源于中国境内的所得的企业

5. 下列各项中，属于企业所得税的应税所得的有（　　）。

A. 我国境内的企业取得的生产经营所得

B. 财政拨款

C. 企业解散或破产后的清算所得

D. 纳税人取得的特许权使用费所得

6. 根据《企业所得税》的规定，按照负担、支付所得的企业或者机构、场所所在地确定所得来源地的有（　　）。

A. 租金所得　　B. 转让不动产所得

C. 利息所得　　D. 特许权使用费所得

7. 下列说法不符合企业所得税法规定的有（　　）。

A. 企业所得税的纳税人分为居民企业和非居民企业

B. 居民企业应当就其来源于中国境内、境外的所得缴纳企业所得税

C. 在中国境内设立机构场所的非居民企业，其取得的来源于中国境内、境外的所得都要缴纳企业所得税

D. 非居民企业在中国境内设立机构、场所，只就其机构、场所取得的来源于中国境内的所得缴纳企业所得税

8. 非居民企业在中国境内设立的从事生产经营活动的机构、场所包括（　　）。

A. 提供劳务的场所

B. 办事机构

C. 在中国境内从事生产经营活动的营业代理人

D. 营业机构

9. 收入总额中的其他收入包括（　　）。

A. 固定资产盘盈收入　　B. 罚款收入

C. 因债权人缘故确实无法支付的应付款项　　D. 教育费附加返还款

10. 下列各项中，属于免税收入的有（　　）。

A. 国债利息收入

B. 符合条件的居民企业之间的股息、红利等权益性投资收益

C. 在中国境内设立机构、场所的非居民企业从居民企业取得的与该机构、场所有实际联系的股息、红利等权益性投资收益

D. 符合条件的非营利组织的收入

11. 根据《企业所得税法》的规定，下列关于收入确认的表述中，正确的有（　　）。

A. 权益性投资收益，按照投资方做出利润分配决定的日期确认收入的实现

B. 利息收入，按照合同约定的债务人应付利息的日期确认收入的实现

C. 租金收入，按照实际收取租金的日期确认收入的实现

D. 接受捐赠收入，按照实际收到的捐赠资产的日期确认收入的实现

12. 根据《企业所得税法》的规定，在利润总额的基础上应调增应纳税所得额的有（　　）。

A. 国库券利息收入　　B. 超标准列支的业务招待费
C. 超标准列支的广告费　　D. 劳动保护支出

13. 根据《企业所得税法》的规定，下列项目不得在企业所得税税前扣除的有（　　）。
A. 违反税收法律规定被税务机关处以的罚款
B. 非广告性质的赞助支出
C. 银行按规定加收的罚息
D. 外购货物管理不善发生的损失

14. 下列各项应税收入中，按照合同约定支付日期确认收入实现的有（　　）。
A. 捐赠收入　　B. 利息收入
C. 租金收入　　D. 股息红利收入

15. 根据《企业所得税法》的规定，超过税法规定的扣除限额部分，可以结转到以后年度扣除的项目有（　　）。
A. 广告费和业务宣传费支出　　B. 职工教育经费支出
C. 业务招待费支出　　D. 职工福利费支出

16. 下列各项中，在计算应纳税所得额时，可以扣除的有（　　）。
A. 与企业生产经营有关的广告性质的赞助支出
B. 纳税人逾期归还银行贷款，银行按规定加收的罚息
C. 行政性罚款
D. 未经核定的准备金支出

17. 企业在计算应纳税所得额时，下列各项中，不得计算折旧税前扣除的有（　　）。
A. 房屋、建筑物以外未投入使用的固定资产
B. 以经营租赁方式租入的固定资产
C. 以融资租赁方式租出的固定资产
D. 已足额提取折旧仍继续使用的固定资产

18. 下列关于企业纳税年度的说法中，正确的有（　　）。
A. 纳税年度自公历 1 月 1 日起至 12 月 31 日止
B. 企业在一个纳税年度中间开业，或者终止经营活动，使该纳税年度的实际经营期不足 12 个月的，应当以其实际经营期为一个纳税年度
C. 企业依法清算时，应当以清算期间作为一个纳税年度
D. 企业所得税分月或者分季预缴

19. 下列关于非居民企业纳税地点的表述中，正确的有（　　）。
A. 非居民企业在中国境内设立机构、场所的，其所设机构、场所取得的来源于中国境内的所得，以及发生在中国境外但与其所设机构、场所有实际联系的所得缴纳企业所得税，以机构、场所所在地为纳税地点
B. 非居民企业在中国境内设立两个或者两个以上机构、场所的，经税务机关审核批准，可以选择由其主要机构、场所汇总缴纳企业所得税
C. 非居民企业在中国境内未设立机构、场所的，或者虽设立机构、场所但取得的所得与其所设机构、场所没有实际联系的，其来源于中国境内的所得缴纳企业

所得税，以扣缴义务人所在地为纳税地点

D. 非居民企业在中国境内未设立机构、场所的，或者虽设立机构、场所但取得的所得与其所设机构、场所没有实际联系的，其来源于中国境内的所得缴纳企业所得税，以支付人所在地为纳税地点

20. 根据《企业所得税法》的规定，下列各项中，纳税人在计算企业所得税应纳税所得额时准予扣除的项目有（　　）。

A. 关税　　B. 土地增值税

C. 城镇土地使用税　　D. 城市维护建设税

21. 根据《企业所得税法》的规定，纳税人取得的下列收入中，应计入应纳税所得额的有（　　）。

A. 银行存款利息收入　　B. 金融债券利息收入

C. 国债利息收入　　D. 国家重点建设债券利息收入

22. 下列各项中，应计入企业当期所得税应纳税所得额的有（　　）。

A. 纳税人接受捐赠的货币性资产

B. 企业在建工程的试运行收入

C. 纳税人购买国债的利息收入

D. 纳税人在产权转让过程中，发生的产权转让净收益

23. 税法规定，城市商业银行取得的下列收入中，应征所得税的收入项目有（　　）。

A. 向国家一级市场认购的国库券利息收入

B. 在二级市场上买卖国库券所取得的收益

C. 因办理国库券业务而取得的手续费收入

D. 购买国家发行的金融债券所取得的利息收入

24. 下列各项中，通过“税金及附加”项目核算的税金有（　　）。

A. 城市维护建设税　　B. 增值税

C. 车船税　　D. 印花税

25. 税法准予扣除的保险费用包括（　　）。

A. 纳税人按规定上缴保险公司或劳动保险部门的职工养老保险基金和待业保险基金

B. 纳税人参加财产保险和运输保险，按照规定缴纳的保险费用

C. 纳税人为特殊工种职工支付的法定人身安全保险费

D. 纳税人为雇员向商业保险机构投保的财产保险

26. 下列各项收入应计入收入总额的有（　　）。

A. 将委托加工收回的货物用于对外捐赠

B. 以企业的设备抵偿所欠债务

C. 用作职工福利的自产产品的作价收入

D. 用于本企业基建工程的自产商品作价收入

27. 企业在计算其应纳税所得额时，可以列支的成本费用有（　　）。

A. 企业职工的境外社会保险费　　B. 支付给总机构的合理的管理费用

C. 合理的工资、薪金　　D. 经营场地租金

28. 根据企业所得税法律制度的规定，下列各项中，可以提取折旧的固定资产有（　　）。
A. 已竣工验收但未投入使用的新建厂房
B. 以融资租赁方式租入的机器设备
C. 已提足折旧继续使用的超龄固定资产
D. 提前报废的固定资产

29. 某企业的下列支出中，计算应纳税所得额时，不准从收入总额中扣除的有（　　）。
A. 以经营租赁方式租入固定资产发生的租赁费
B. 转让机器设备发生的费用
C. 对外投资的支出
D. 非广告性质的赞助支出

30. 根据我国企业所得税税前扣除的规定，在纳税人为其雇员投保的下列费用中，可以在税前按照一定标准予以扣除的有（　　）。
A. 基本养老保险费　　B. 基本失业保险费
C. 基本医疗保险费　　D. 商业人寿保险费

31. 根据税法规定，可以作为管理费用在企业所得税税前扣除的项目有（　　）。
A. 公司经费　　B. 劳动保护费
C. 业务招待费　　D. 业务宣传费

32. 根据企业所得税法律制度的有关规定，下列各项中，属于计算企业应纳税所得额时准予扣除的项目有（　　）。
A. 缴纳的消费税　　B. 缴纳的税收滞纳金
C. 赞助支出　　D. 资产折旧或摊销

33. 根据我国《企业所得税法》的规定，下列固定资产中，可以计算折旧扣除的有（　　）。
A. 以融资租赁方式租出的固定资产　　B. 以融资租赁方式租入的固定资产
C. 以经营租赁方式租出的固定资产　　D. 以经营租赁方式租入的固定资产

34. 分月预缴或分季预缴，由税务机关根据纳税人应纳税额的大小具体核定。预缴所得税时，应当按纳税期限的实际数预缴。如按实际数预缴有困难的，可以按（　　）预缴。
A. 上一年度应纳税所得额的1/12
B. 上一年度应纳税所得额的1/4
C. 自行确定的方法
D. 税务机关承认的其他方法

35. 在计算应纳税所得额时，根据规定，下列各项中，不得扣除的有（　　）。
A. 购置大型设备的款项　　B. 缴纳的财产保险费
C. 赞助支出　　D. 向投资者支付的股息、红利

36. 根据我国《企业所得税法》的规定，纳税人取得的下列收入中，应计入应纳税所得额的有（　　）。
A. 国债利息收入　　B. 金融债券利息收入

C. 固定资产转让收入　　D. 接受捐赠非货币性收入

37. 根据企业所得税法律制度的规定，下列各项中，在计算应纳税所得额时，应计入收入总额的有（　　）。

A. 转让固定资产取得的收入　　B. 外单位欠款付给的利息收入

C. 出租固定资产取得的租金收入　　D. 固定资产盘盈收入

38. 计算企业所得税应纳税所得额时，根据规定，下列支出不得扣除的有（　　）。

A. 向投资者支付的股息　　B. 企业所得税税款

C. 税收滞纳金　　D. 被银行加收的贷款逾期罚息

39. 根据企业所得税法律制度的有关规定，下列各项中，属于计算企业应纳税所得额时准予扣除的项目有（　　）。

A. 缴纳的消费税　　B. 缴纳的税收滞纳金

C. 非广告性赞助支出　　D. 缴纳的财产保险费

40. 下列准予扣除的支出项目中，超过扣除标准的部分可以结转以后年度扣除的有（　　）。

A. 职工福利费　　B. 职工教育经费

C. 广告费　　D. 公益性捐赠

三、判断题

1. 个人独资企业和合伙企业均适用我国企业所得税法律制度。（　　）

2. 企业所得税的纳税人分别为居民企业纳税人和非居民企业纳税人。（　　）

3. 国家重点扶持的高新技术企业和符合条件的小型微利企业均减按 15% 的优惠税率计算缴纳企业所得税。（　　）

4. 符合条件的小型微利企业，减按 20% 的税率征收企业所得税。（　　）

5.《企业所得税法》规定，所谓的收入总额，是指以货币形式从各种来源取得的收入。（　　）

6. 企业采取以旧换新方式销售商品的，应按所售新商品的售价减除回收旧商品的价值后的差价确认销售收入。（　　）

7. 企业以买一赠一方式组合销售商品，不属于捐赠，应将总的销售金额按各项商品的公允价值的比例来分摊确认各项商品的销售收入。（　　）

8. 企业以折扣方式销售商品，应以扣除商业折扣之前和现金折扣之后的金额为销售收入金额。（　　）

9. 企业销售商品需要安装和检验的，应在购买方接受商品以及安装和检验完毕时确认收入，如果安装和检验程序比较简单，可在发出商品时确认收入。（　　）

10. 企业在纳税年度内盈利时应依据规定的期限，向税务机关报送预缴企业所得税纳税申报表，亏损时则不需要向税务机关报送预缴企业所得税纳税申报表。（　　）

11.《企业所得税法》规定，自年度终了之日起 4 个月内，向税务机关报送年度企业所得税纳税申报表，并汇算清缴，结清应缴应退税款。（　　）

12. 非居民企业在中国境内未设立机构、场所的，取得的来自境内的所得以扣缴义务人

所在地为纳税地点。（ ）

13. 应纳税所得额的间接计算法中，纳税调整是指企业的财务会计处理和税收规定不一致时应予以调整的金额。（ ）

14. 企业因存货盘亏、毁损、报废等原因不得从销项税额中抵扣的进项税额不得在计算应纳税所得额时扣除。（ ）

15. 企业发生的公益性捐赠支出，超过年度会计利润总额12%的部分，准予结转以后年度扣除。（ ）

16. 企业发生的公益性捐赠支出，不超过年度利润总额12%的部分，准予在计算应纳税所得额时扣除。（ ）

17. 关于企业发生的业务招待费的税前扣除，必须同时计算两个标准，选出其中的较小者为税前扣除额。（ ）

18. 企业为职工或投资者支付的商业保险费，税前不得扣除。（ ）

19. 企业职工福利费和工会经费支出项目，超过规定标准支出的部分准予结转以后纳税年度扣除。（ ）

20. 企业缴纳的增值税在计算应纳税所得额时可以扣除。（ ）

21. 纳税人逾期归还银行贷款，银行按规定加收的罚息，允许在企业所得税税前扣除。（ ）

22. 在计算应纳税所得额时，罚金、罚款和被没收财物的损失以及纳税人逾期归还银行贷款被银行加收的罚息，都允许税前扣除。（ ）

23. 企业在计算应纳税所得额时，所有未投入使用的固定资产都不得计算折旧扣除。（ ）

24. 企业在汇总计算缴纳企业所得税时，其境外营业机构的亏损可以抵减境内营业机构的盈利。（ ）

25. 以分期收款方式销售货物的，按照合同约定的收款日期确认收入的实现。（ ）

四、计算题

1. 某汽车轮胎厂（以下简称“企业”），本年度有关经营情况如下：

全年实现产品销售收入5 000万元，其他业务收入30万元，国债利息收入20万元；应结转产品销售成本3 000万元；应缴纳增值税90万元，消费税110万元，城市维护建设税14万元，教育费附加6万元；发生产品销售费用250万元；发生财务费用12万元（其中因逾期归还银行贷款，支付银行罚息2万元）；发生管理费用802万元（其中新产品研究开发费用90万元）；发生营业外支出70万元（其中因排污不当被环保部门罚款15万元）。

要求：根据上述资料，分析回答下列各小题（答案中的金额单位用“万元”表示）。

（1）计算收入总额。

（2）简要分析并计算应税扣除项目合计数。

（3）计算本年度应交企业所得税税额。

2. 某企业全年产品销售收入 800 万元，劳务收入 40 万元，出租固定资产租金收入 5 万元。该企业全年发生产品销售成本 430 万元，销售费用 80 万元，管理费用 20 万元，财务费用 10 万元，营业外支出 3 万元（其中缴纳税收滞纳金 1 万元），按税法规定缴纳增值税 90 万元，其他税金 7.20 万元。按照税法的规定，在计算该企业应纳税所得额时，其他准予扣除的项目金额为 23 万元。已知该企业适用的所得税税率为 25%。

要求：采用直接计算法计算该企业该年度应纳税所得额和应纳税额，并列出计算过程。(答案中金额单位用“万元”表示，计算结果保留到小数点后两位）

3. 某企业以生产白酒为主，适用 25% 的所得税税率，全年销售收入净额 9 400 万元，年终进行所得税纳税申报时，企业计算的全年应纳税所得额为 1 050 万元，并已经按适用税率缴纳了企业所得税税款 262.5 万元。经税务机关查证，发现以下问题：

（1）本年 2 月份购入并投入使用的固定资产，价值 80 万元，预计净残值 4 万元，税法规定按 5 年的直线法计提折旧，本单位会计直接将其作为管理费用一次从收入中扣除。

（2）本年 6 月收到财政拨款 60 万元，已经并入应纳税所得额。

（3）全年发生赞助支出 120 万元，已经从应纳税所得额中扣除。

要求：根据上述资料，分析回答下列各小题。(答案中的金额单位用“万元”表示）

（1）分析该企业在进行企业所得税纳税申报时，哪些项目计算存在错误，如何进行调整？

（2）计算调整后全年应交所得税及年终应补（退）所得税。

4. 某生产企业系增值税一般纳税人，本年度生产经营情况如下：

（1）销售产品取得不含税收入 9 000 万元。

（2）产品销售成本 3 300 万元。

（3）税金及附加 200 万元。

（4）销售费用 1 000 万元（其中广告费 350 万元），财务费用 200 万元。

（5）管理费用 1 200 万元（其中业务招待费 85 万元）。

（6）营业外支出 800 万元（其中通过政府部门向贫困地区捐款 150 万元，存货盘亏损失 60 万元，赞助支出 50 万元）。

（7）全年提取并实际支付工资 1 000 万元，职工工会经费、职工教育经费、职工福利费，分别按工资总额的 2%、8% 和 14% 的比例提取，并且均实际支出。

（8）经过税务机关核定，该企业当年合理的工资支出标准是 800 万元，已知期间费用中未包含工资和三项经费。

要求：根据上述资料，分析回答下列各小题。

（1）该企业所得税前可以扣除的期间费用金额是多少？

（2）企业准予扣除的营业外支出金额是多少？

（3）企业准予扣除工资和三项经费金额是多少？

（4）企业应交企业所得税金额是多少？

5. 2023 年某小型微利企业本年度相关生产经营情况如下：

（1）当年商品销售收入 700 万元，对外提供维修收入 220 万元，国债利息收入 350 万元。

（2）全年营业成本为 430 万元。

（3）全年发生财务费用 50 万元，其中 10 万元为应资本化的利息。

（4）管理费用共计 90 万元，销售费用共计 40 万元，其中列支广告费、业务宣传费 30 万元。

（5）营业外支出共计 17.73 万元，其中列支通过青少年发展基金会向农村义务教育捐款 10 万元，税收罚款支出 5 万元，滞纳金 2.73 万元。

（6）税金及附加 13 万元。

（7）上年广告宣传费超支 20 万元。

要求：根据上述资料，分析回答下列各小题。

（1）企业全年的收入总额是多少？
（2）企业本年可扣除的财务费用是多少？
（3）企业本年可扣除的销售费用是多少？
（4）企业本年可扣除的营业外支出是多少？
（5）企业本年的应纳税所得额是多少？
（6）企业本年应交企业所得税是多少？

五、实训题

【实训目的】

1. 根据税法相关规定，进行纳税调整。

2. 准确填写企业所得税年度纳税申报表。

【实训资料】

天津山海关股份有限公司系饮料制造企业，是实行查账征收的、符合条件的小型微利企业，2023 年 1 月 1 日至 12 月 31 日的会计资料反映的经营情况如下：

（1）取得营业收入总额 5 055 780 元。

（2）营业成本 3 566 020 元。

（3）税金及附加 275 000 元。

（4）管理费用 442 105.35 元，其中：业务招待费 5 万元，社会保险费 30 万元，商业保险费 5 万元。

（5）销售费用 65 万元，其中：广告费 50 万元。

（6）财务费用 4 万元，系年初向建设银行借款 80 万元，用于经营周转，年利率 5%。

（7）年度工资薪金总额为 6 532 468 元，当年发生的职工福利费为 984 500 元，工会经费 12 万元，职工教育经费 14 万元。

（8）营业外支出 5.5 万元，其中：因合同纠纷支付违约金 3 万元，违规排污罚款 2.5 万元。

（9）本年度已预缴企业所得税累计 6 900 元。

【实训要求】

年终汇算清缴企业所得税，并计算填列“纳税调整计算表”（见表 5－2）、“企业所得税年度纳税申报表”（见表 5－3）。

表 5－2

纳税调整计算表

年度

单位：元

纳税调整项目	账载金额	税收金额	调增金额	调减金额
业务招待费				
社会保险费				
商业保险费				
广告费				
借款利息				
职工福利费				
工会经费				
职工教育经费				
合同违约金				
排污罚款				
合计				

表 5－3 A100000 中华人民共和国企业所得税年度纳税申报表（A类）

税款所属期间： 年 月 日至 年 月 日

纳税人名称：

纳税人识别号：□□□□□□□□□□□□□□□□□□

金额单位：元（列至角分）

1	应纳税所得额计算	一、营业收入（填写 A101010＼101020＼103000）	
2		减：营业成本（填写 A102010＼102020＼103000）	
3		税金及附加	
4		销售费用（填写 A104000）	
5		管理费用（填写 A104000）	
6		财务费用（填写 A104000）	
7		资产减值损失	
8		加：公允价值变动收益	
9		投资收益	
10		二、营业利润（1－2－3－4－5－6－7＋8＋9）	
11		加：营业外收入（填写 A101010＼101020＼103000）	
12		减：营业外支出（填写 A102010＼102020＼103000）	
13		三、利润总额（10＋11－12）	
14		减：境外所得（填写 A108010）	
15		加：纳税调整增加额（填写 A105000）	
16		减：纳税调整减少额（填写 A105000）	
17		减：免税、减计收入及加计扣除（填写 A107010）	
18		加：境外应税所得抵减境内亏损（填写 A108000）	
19		四、纳税调整后所得（13－14＋15－16－17＋18）	

续表

20	应纳税所得额计算	减：所得减免（填写 A107020）	
21		减：抵扣应纳税所得额（填写 A107030）	
22		减：弥补以前年度亏损（填写 A106000）	
23		五、应纳税所得额（19－20－21－22）	
24	应纳税额计算	税率（25%）	
25		六、应纳所得税额（23×24）	
26		减：减免所得税额（填写 A107040）	
27		减：抵免所得税额（填写 A107050）	
28		七、应纳税额（25－26－27）	
29		加：境外所得应纳所得税额（填写 A108000）	
30		减：境外所得抵免所得税额（填写 A108000）	
31		八、实际应纳所得税额（28＋29－30）	
32		减：本年累计实际已预缴的所得税额	
33		九、本年应补（退）所得税额（31－32）	
34		其中：总机构分摊本年应补（退）所得税额（填写 A109000）	
35		财政集中分配本年应补（退）所得税额（填写 A109000）	
36		总机构主体生产经营部门分摊本年应补（退）所得税额（填写 A109000）	
37	附列资料	以前年度多缴的所得税额在本年抵减额	
38		以前年度应缴未缴在本年入库所得税额	

6 第六单元 个人所得税核算

一、单项选择题

1. 根据个人所得税法律制度的规定，工资、薪金所得采用的税率形式是（　　）。

A. 超额累进税率　　B. 全额累进税率

C. 超率累进税率　　D. 超倍累进税率

2. 某画家某年 10 月将其精选的书画作品交由某出版社出版，从出版社取得报酬 10 万元。该笔报酬在缴纳个人所得税时适用的税率是（　　）。

A. 工资薪金所得税率　　B. 劳务报酬所得税率

C. 稿酬所得税率　　D. 综合所得税率

3. 张某退休后于 2022 年 1 月起承包一家餐厅，承包期 1 年，共取得承包所得 95 000 元；张某每月领取退休工资 5 000 元。不考虑其他因素，则张某的年应税所得为（　　）。

A. 100 000 元　　B. 95 000 元

C. 5 000 元　　D. 90 000 元

4. 承包人、承租人的经营所得，应该按照（　　）项目征收个人所得税。

A. 承包所得　　B. 工资、薪金所得

C. 劳务报酬所得　　D. 经营所得

5. 某作家的一篇小说送交出版社出版，一次取得稿酬 20 000 元，则该作家应税所得为（　　）元。

A. 20 000　　B. 16 000

C. 11 200　　D. 2 800

6. 根据个人所得税法律制度的规定，个人将其所得通过中国境内社会团体、国家机关向教育、公益事业和遭受严重自然灾害地区、贫困地区的捐赠，捐赠额不超过应纳税所得额的一定比例的部分，可以从其应纳税所得额中扣除，该比例为（　　）。

A. 3%　　B. 10%

C. 30%　　D. 全额扣除

7. 根据个人所得税法律制度的有关规定，下列各项中，不属于个人所得税免税项目的是（　　）。

A. 退休工资　　B. 彩票中奖所得

C. 保险赔款　　D. 福利费、抚恤金、救济金

8. 根据个人所得税法律制度的规定，综合所得适用3%—45%的超额累进税率。下列各项中，不属于综合所得的是（　　）。

A. 工资、薪金所得　　B. 劳务报酬所得

C. 特许权使用费所得　　D. 财产租赁所得

9. 下面所得中，以每次收入额为应纳税所得额，适用20%税率的是（　　）。

A. 工资、薪金所得　　B. 劳务报酬所得

C. 特许权使用费所得　　D. 偶然所得

10. 下面所得中，以收入减除20%的费用后的余额为收入额并减按70%计算所得税的是（　　）。

A. 稿酬所得　　B. 劳务报酬所得

C. 特许权使用费所得　　D. 财产转让所得

11. 根据个人所得税法律制度的规定，居民个人综合所得不包括（　　）。

A. 工资、薪金所得　　B. 稿酬所得

C. 财产租赁所得　　D. 特许权使用费所得

12. 下列各项中，不适用20%税率的个人所得是（　　）。

A. 财产租赁所得　　B. 偶然所得

C. 股息、红利所得　　D. 经营所得

13. 某演员参加所在单位组织的演出取得的劳务报酬，预扣预缴时应（　　）。

A. 按照劳务报酬所得纳税　　B. 并入工资、薪金所得纳税

C. 按照偶然所得纳税　　D. 减半征收个人所得税

14. 对于省级政府颁发的科学、教育、技术、文化、卫生、体育、环境保护等方面的奖金应（　　）。

A. 按收入额全额征收个人所得税　　B. 免征个人所得税

C. 减半征收个人所得税　　D. 适当减征个人所得税

15. 根据个人所得税法律制度的规定，属于个人所得税非居民个人的是（　　）。

A. 某外国人在中国境内无住所而在中国境内居住满125天

B. 某外籍专家在中国境内有住所，2023年在中国工作并且临时离境89天

C. 某外国人在中国境内无住所而在中国境内居住满190天

D. 某中国人在中国境内美资企业工作

16. 某居民个人林某2023年5月出版一部小说，依据合同约定取得一次性稿酬35 000元，则林某应预扣预缴的个人所得税税额为（　　）元。

A. 4 900　　B. 7 000

C. 3 920　　D. 5 600

17. 取得股息、利息、红利所得的居民个人应以（　　）为个人所得税应纳税所得额。

A. 每次收入额　　B. 每年收入额

C. 每季收入额　　D. 每月收入额

18. 某居民个人李亮 2023 年 1—6 月每月取得工资收入 8 500 元，无其他收入，每月专项扣除为 800 元，每月专项附加扣除为 1 000 元，无其他扣除和减免税额。不考虑其他因素，则 2023 年 1—6 月累计应预扣预缴的个人所得税税额为（　　）元。

A. 306　　B. 396

C. 450　　D. 576

19. 纳税人取得经营所得，按年计算个人所得税，由纳税人在月度或季度终了后（　　）日内向税务机关报送纳税申报表，并预缴税款。

A. 5　　B. 10

C. 15　　D. 30

20. 税务机关根据扣缴义务人所扣缴的税款，支付手续费的比例为（　　）。

A. 10%　　B. 5%

C. 3%　　D. 2%

二、多项选择题

1. 个人所得税的居民个人是指（　　），居民个人从中国境内和境外取得的所得，依法缴纳个人所得税。

A. 在中国境内有住所的个人

B. 在中国境内无住所而一个纳税年度内在中国境内居住累计满 183 天的个人

C. 在中国境内无住所又不居住的个人

D. 在中国境内无住所居住不满 183 天的个人

2. 下列各项中，适用超额累进税率计征个人所得税的有（　　）。

A. 经营所得　　B. 财产租赁所得

C. 工资、薪金所得　　D. 稿酬所得

3. 个人取得下列各项所得，必须自行申报纳税的情况有（　　）。

A. 取得综合所得需要办理汇算清缴的

B. 取得应税所得，没有扣缴义务人的

C. 取得境外所得的

D. 从两处或两处以上取得工资、薪金所得的

4. 计算个人所得税时，其专项扣除包括居民个人按照国家规定的范围和标准缴纳的（　　）等。

A. 基本养老保险　　B. 基本医疗保险

C. 失业保险　　D. 住房公积金

5. 计算个人所得税时，在规定标准范围内的支出可以扣除的项目包括（　　）等。

A. 子女教育支出　　B. 继续教育支出

C. 住房租金支出　　D. 赡养老人支出

6. 根据个人所得税法律制度的规定，下列各项中，免征个人所得税的有（　　）。

A. 按照国家统一规定发给干部、职工的安家费、退职费、基本养老金或者退休费、

离休费、离休生活补助费

B. 国债和国家发行的金融债券利息

C. 保险赔款

D. 福利费、抚恤金、救济金

7. 下面各项中，适用20%的比例税率的有（　　）。

A. 利息、股票、红利所得

B. 财产租赁所得

C. 财产转让所得

D. 偶然所得

8. 下列各项中，按次计征个人所得税的有（　　）。

A. 生产经营所得

B. 偶然所得

C. 利息、股息、红利所得

D. 财产租赁所得

9. 确定居民个人综合所得时，以每一纳税年度的收入额减除（　　）后的余额，为个人所得税的应纳税所得额。

A. 费用60 000元

B. 专项扣除

C. 专项附加扣除

D. 依法确定的其他扣除

10. 下列各项中，按月预扣预缴，按年计征个人所得税的所得项目有（　　）。

A. 居民个人的工资、薪金所得

B. 居民个人的劳务报酬所得

C. 居民个人稿酬所得

D. 居民个人的偶然所得

11. 下列关于自行纳税申报的纳税期限的说法，正确的有（　　）。

A. 需要办理综合所得汇算清缴的纳税人，应当在取得所得的次年3月1日至6月30日内申报

B. 取得经营所得的纳税人，按年计算个人所得税，由纳税人在月度或季度终了后的15日内申报

C. 居民个人从中国境外取得所得的，应当在取得所得的次年1月1日至6月30日内申报

D. 非居民个人在中国境内从两处以上取得工资、薪金所得的，应当在取得所得的次月15日内申报

12. 下列各项中，属于纳税人自行向税务机关申报所得并交纳税款的情形有（　　）。

A. 年所得15万元以上

B. 从中国境内两处或两处以上取得工资、薪金所得

C. 从中国境外取得所得

D. 取得应税所得，没有扣缴义务人

13. 下列说法中，错误的有（　　）。

A. 个人所得税是对个人（自然人）取得的各项应税所得征收的一种税

B. 某医院医生张某到外地讲座，获得收入50 000元，应按照“工资、薪金所得”项目计征个人所得税

C. 个人所得税法定应税项目有10个

D. 残疾人从事个体经营可享受个人所得税减税优惠政策

14. 12月中国公民张某获得工资薪金收入5 500元，全年一次性奖金15 000元，从兼职的甲

公司获得收入 3 000 元。下列有关张某 12 月份个人所得税的说法中，正确的有（　　）。

A. 兼职收入应并入当月工资薪金纳税

B. 全年一次性奖金应并入 12 月份工资薪金纳税

C. 全年一次性奖金应单独计算纳税

D. 兼职收入应按劳务酬劳所得纳税

15. 个人所得税的征税方法有（　　）。

A. 按年计征　　B. 按月计征

C. 按次计征　　D. 按季计征

三、判断题

1. 在中国境内有住所，或者无住所而在境内居住满 183 天的个人，为居民纳税人，其来源于中国境内、境外取得的全部所得均应依法纳税，负有限纳税义务。（　）

2. 个人取得稿酬收入，其应纳税所得额应全额并入综合所得，计算个人所得税。（　）

3. 取得应税所得而没有扣缴义务人的，纳税人应当依法办理申报缴纳个人所得税。（　）

4. 不动产转让所得以实现转让的地点为所得地。（　）

5. 居民个人一次取得数月奖金或年终加薪，应将全部奖金或年终加薪同当年的工资、薪金等综合所得合并计算个人所得税。（　）

6. 按照我国《个人所得税法》的规定，股息所得缴纳个人所得税的应纳税所得额为每次取得的收入额减去 20% 的费用。（　）

7. 纳税人取得经营所得，按年计算个人所得税，由纳税人在月度或者季度终了后 15 日内向税务机关报送纳税申报表，并预缴税款；在取得所得的次年 3 月 31 日前办理汇算清缴。（　）

8. 个人取得不同项目劳务报酬所得的，应当与工资、薪金等合并为综合所得计算缴纳个人所得税。（　）

9. 个人转让财产，应以转让财产收入减除财产市价和合理费用后的余额为应纳税所得额计算缴纳个人所得税。（　）

10. 非居民个人在中国境内从两处以上取得工资、薪金所得的，应当在取得所得的次月起 15 日内申报纳税。（　）

11. 个人将其应税所得，全部用于公益性捐赠，将不承担缴纳所得税义务。（　）

12. 扣缴义务人应当按照国家规定办理全员全额扣缴申报。（　）

13. 劳务报酬所得，属于同一事项取得收入的，以 1 个月内取得的收入为一次。（　）

14. 稿酬所得适用比例税率，税率为 20%，并按应纳税额减征 15%。（　）

15. 关于赡养老人专项附加扣除，纳税人为独生子女的，按每月 3 000 元的标准定额扣除。（　）

四、计算题

1. 郑某 2023 年每月扣除社保后的薪金为 8 200 元，没有附加扣除，也没有其他所得。

计算郑某 2023 年应缴纳的个人所得税税额。

2. 中国公民李某 2023 年的月平均工资为 8 000 元，年末取得全年一次性奖金 6 200 元（单独计税），全年专项扣除金额 12 000 元，无其他收入、专项附加扣除和其他减免扣除，计算李某 2023 年个人所得税应纳税额。

3. 王某是一个体工商户，全年经营收入是 80 万元，税法允许扣除的成本费用为 30 万元，计算王某全年应缴纳的个人所得税。

4. 赵某 4 月 1 日将一套居住了 8 年的普通住房出售，原值 120 万元，售价 300 万元，售房过程中发生相关税费 1 万元。计算王某出售房屋应缴纳的个人所得税。

5. 居住在郑州市的一对夫妻小王和小张，均是独生子女，需要赡养四位老人和养育一个小孩，小孩在读幼儿园，每月还房贷 2 000 元。每月月薪在扣除“三险一金”后，小刘收入 8 000 元，小张收入 13 000 元。夫妻二人除工资之外无其他收入。若由小刘按扣除标准的 100% 扣除子女教育专项附加，他们每月交的个人所得税分别是多少？若由小张按扣除标准的 100% 扣除子女教育专项附加，他们每月缴纳的个人所得税分别是多少？

6. 小曾是广州市一家新媒体公司的员工，在广州某大学读在职研究生，在广州市租房居住。向公司提供的学费发票载明每年学费 28 000 元，提供的房租合同中显示每月房租 2 800 元，且需要赡养父母双亲。月薪在扣除“三险一金”后为 24 500 元，除工资之外无其他收入。计算公司每月应代扣代缴小王的个人所得税税额，并进行相应的会计处理。

五、业务题

小华是某一事业单位的员工，月工资收入由单位预扣预缴个人所得税，其他项目收入年终汇算清缴。某年度收支情况如下：

（1）1—12 月每月取得由单位扣除“三险一金”后的工资、薪金 7 800 元。

（2）5 月一次取得稿费收入 5 000 元。

（3）6 月一次取得翻译收入 20 000 元。

（4）7 月一次取得审稿收入 2 500 元。

（5）8 月取得炒股收入 30 000 元。

（6）10 月取得上年 10 月存入银行的一年期存款利息 2 000 元。

（7）参加职业技能培训一次，支出 1 500 元。

（8）房贷还款每月 1 800 元。

（9）小华为独生子女，其父母均已年满 60 周岁。

要求：计算单位每月向小华支付工资、薪金时应预扣预缴的个人所得税税额及会计处理；计算小华年终汇算清缴时应缴纳的个人所得税税款。

六、实训题

长河有限责任公司共有雇员 28 人，其中 8 人每月工资超过了 5 000 元，2019 年 1 月，该企业为 8 名职工扣除“三险一金”后的工资如下：李小星 6 800 元，张彬 10 200 元，王小红 10 800 元，张虎 11 500 元，苏敏 8 200 元，李开乐 9 600 元，马田 9 500 元，段西梦 7 500 元，暂不考虑其他附加扣除等，计算每人应交纳的个人所得税并依据上面资料填制 1 月份的《扣缴个人所得税报告表》（见表 6－1）。

表 6－1　　**扣缴个人所得税报告表（简化）**

扣缴义务人编码：

扣缴义务人名称（公章）：　　金额单位：元（列至角分）

填表日期：　年　月　日

序号	纳税人姓名	所得项目	所得期间	收入额计算	减税费用	免征额	专项扣除	专项附加扣除	准予扣除的捐赠额	应纳税所得额	税率（%）	速算扣除数	应扣税额	已扣税额	备注
扣缴义务人声明	我声明：此扣缴报告表是根据国家税收法律、法规的规定填报的，我确定它是真实的、可靠的、完整的。　声明人签字：														
会计主管签字：		负责人签字：				扣缴单位（或法定代表人）（签章）：									
受理人（签章）：		受理日期：　年　月　日						受理税务机关（章）：							

7 第七单元 资源税核算

一、单项选择题

1. 下列各项中，属于资源税纳税人的是（　　）。
   A. 境内开采应税矿产品或者生产盐的个人
   B. 生产居民煤炭制品的单位
   C. 销售有色金属矿产品的贸易公司
   D. 进口应税资源产品的单位或个人

2. 下列各项中，不属于资源税征税范围的是（　　）。
   A. 开采的天然原油　　B. 煤矿生产的天然气
   C. 黑色金属矿原矿　　D. 海盐原盐

3. 下列各项中，属于资源税纳税人的是（　　）。
   A. 进口金矿石的冶炼企业　　B. 销售精盐的商场
   C. 开采原煤的公司　　D. 销售石油制品的加油站

4. 下列产品中，不征资源税的是（　　）。
   A. 进口的海盐　　B. 铜矿石
   C. 锡矿石　　D. 石油、天然气

5. 资源税纳税人按月或者按季申报缴税的，应自月度或季度终了之日起（　　）日内，向税务机关申报缴纳税款。
   A. 5　　B. 10
   C. 15　　D. 30

6. 下列表述中，不符合资源税征税规定的是（　　）。
   A. 资源税适用固定税率
   B. 井矿盐也是资源税的应税资源
   C. 进口的原油在海关不需要缴纳资源税
   D. 实行从价计征资源税的，计税依据为应税产品的销售额

7. 下列各项中，免征资源税的是（　　）。

A. 液体盐
B. 原油
C. 洗煤、选煤
D. 煤炭开采企业因安全生产需要抽采的煤成（层）气

8. 根据现行资源税规定，下列说法错误的是（　　）。
A. 我国目前的资源税只对部分资源征收，体现了特定征收的立法原则
B. 资源税的立法原则充分体现了级差调节
C. 资源税实行从量定额征收
D. 资源税征税范围包括矿产品和海盐

9. 关于资源税减征的税收优惠中，下列说法正确的是（　　）。
A. 对深水油气田减征 20% 资源税
B. 对低丰度油气田开采的原油、天然气减征 30% 资源税
C. 从衰竭期矿山开采的矿产品，减征 50% 资源税
D. 稠油、高凝油，减征 40% 资源税

10. 资源税的纳税环节是（　　）。
A. 生产销售环节　　B. 批发环节
C. 运输环节　　D. 最终消费环节

11. 下列结算方式中，关于资源税纳税义务发生时间表述有误的是（　　）。
A. 采取预收货款结算方式的，为收到预收款的当天
B. 采取分期收款结算方式的，为销售合同规定的收款日期当天
C. 采取除预收货款和分期收款以外结算方式的，为收讫销售款或者取得索取销售款凭据的当天
D. 自产自用的矿产品，为移送使用应税产品的当天

12. 根据资源税有关规定，下列说法中，符合资源税纳税地点规定的是（　　）。
A. 纳税人应当向机构所在地主管税务机关纳税
B. 纳税人应当向矿产品的开采地或者海盐的生产地的税务机关申报缴纳资源税
C. 凡是缴纳资源税的纳税人，都应当向应税产品的开采地或者生产所在地主管税务机关缴纳税款
D. 跨省开采资源税应税产品，下属生产单位与核算单位不在同一省的，都应在核算地纳税

13. 某油田 2022 年 12 月对外销售原油 150 万元，自用原油 10 万元，另有原油 5 万元在采油过程中用于加热、修井。原油适用资源税税率为 6%，该油田当月应缴纳资源税（　　）。
A. 9.6 万元　　B. 9.9 万元
C. 9 万元　　D. 9.3 万元

14. 2022 年 9 月，某锡矿开采企业开采锡矿原矿 300 吨。本月销售锡矿原矿 200 吨，取得不含税销售额 500 万元；剩余锡矿原矿 100 吨移送加工选矿 80 吨，本月全部销售，取得不含税销售额 240 万元。锡矿原矿和锡矿选矿适用的资源税税率分别为 5% 和 6.5%。该企业当月应缴纳资源税（　　）。

A. 15.60 万元　　B. 40.60 万元
C. 41.25 万元　　D. 53.10 万元

15. 关于资源税税率，下列表述正确的是（　　）。
A. 能源矿产一律实行幅度比例税率
B. 原油和天然气税目不同，适用税率也不同
C. 开采不同应税产品的，未分别核算或不能准确提供不同应税产品的销售额或销售数量的，从高适用税率
D. 具体适用税率由省级人民政府提出，报全国人民代表大会常委会决定

二、多项选择题

1. 依据我国《资源税暂行条例》及其实施细则的规定，下列单位和个人的生产经营行为应缴纳资源税的有（　　）。
A. 冶炼企业进口矿石　　B. 个体经营者开采煤矿
C. 军事单位开采石油　　D. 中外合作开采天然气

2. 下列各项中，属于资源税纳税人的有（　　）。
A. 开采原煤的国有企业
B. 进口铁矿石的私营企业
C. 开采石灰石的个体经营者
D. 开采天然原油的外商投资企业（包括中外合资、中外合作、外资企业）

3. 下列说法中，正确的有（　　）。
A. 资源税纳税人如能按固定期限纳税的，按月或按季申报缴纳；不能按固定期限纳税的，可以按次申报缴纳
B. 纳税人按月或者按季申报缴纳，自月度或者季度终了之日起 15 日内，向税务机关办理纳税申报并缴纳税款
C. 纳税人按次申报缴纳的，应当自纳税义务发生之日起 10 日内，向税务机关办理纳税申报并缴纳税款
D. 纳税人按次申报缴纳的，应当自纳税义务发生之日起 15 日内，向税务机关办理纳税申报并缴纳税款

4. 下列各项中，属于资源税纳税义务人的有（　　）。
A. 进口盐的外贸企业　　B. 开采原煤的私营企业
C. 生产盐的外商投资企业　　D. 中外合作开采石油的企业

5. 下列各项中，应征收资源税的有（　　）。
A. 进口的天然气　　B. 专门开采的天然气
C. 煤矿生产的天然气　　D. 与原油同时开采的天然气

6. 下列各项中，符合资源税纳税义务发生时间规定的有（　　）。
A. 采取分期收款结算方式的，为实际收到款项的当天
B. 采取预收货款结算方式的，为发出应税产品的当天
C. 自产自用应税产品的，为移送使用应税产品的当天

D. 采取其他结算方式的，为收讫销售款或取得索取销售款凭据的当天

7. 下列纳税人中，不缴纳资源税的有（　　）。

A. 采掘应税资源产品的外商投资企业和外国企业

B. 进口应税资源产品的国有企业

C. 进口应税资源产品的个人

D. 采掘应税资源产品的私营企业

8. 下列各项中，属于资源税纳税人的有（　　）。

A. 开采原煤的国有企业

B. 进口铁矿石的私营企业

C. 生产石灰石的个体经营者

D. 开采天然原油的外商投资企业

9. 下列资源中，为应税资源的有（　　）。

A. 人造石油

B. 矿泉水

C. 锰矿石原矿

D. 与原油同时开采的天然气

10. 下列各项中，免征资源税的矿产品有（　　）。

A. 油田范围内运输用于加热的原油

B. 煤炭开采企业因安全生产需要抽采的煤成（层）气

C. 海盐

D. 矿泉水原矿

11. 煤矿生产并销售原煤，需缴纳（　　）。

A. 增值税

B. 消费税

C. 资源税

D. 城市维护建设税

12. 关于资源税，下列说法正确的有（　　）。

A. 纳税人开采或者生产不同税目应税产品的，应当分别核算不同税目应税产品的销售额或者销售数量

B. 未分别核算应税产品的销售额或者销售数量的，从高适用税率

C. 纳税人开采或者生产应税产品，用于连续生产应税产品的，不缴纳资源税

D. 纳税人开采或者生产应税产品，自用于其他方面的，视同销售，依法缴纳资源税

13. 下列表述中，符合资源税有关规定的是（　　）。

A. 资源税按实际产量计算征收

B. 进口应税资源不缴纳资源税

C. 纳税人跨省开采应税产品的，一律在开采地纳税

D. 独立矿山收购未税矿产品，按照本单位应税产品的税额标准代扣代缴资源税

14. 下列有关资源税的说法中，正确的有（　　）。

A. 进口原油时同样要缴纳资源税

B. 采取预收款结算方式的，资源税纳税义务发生时间为销售合同约定的收款日期当天

C. 煤炭开采企业因安全生产需要抽采的煤成（层）气免交资源税

D. 缴纳资源税的单位和个人同样缴纳增值税

15. 计算资源税计税销售额或者销售数量时，属于视同销售的有（　　）。

A. 纳税人以自采原矿直接加工为非应税产品

B. 纳税人开采铁原矿用于连续生产应税产品

C. 纳税人开采原油过程中使用原油用于加热

D. 纳税人以应税产品对外投资

三、判断题

1. 资源税的纳税人是在我国境内和境外从事应税矿产品开采和生产盐的单位和个人。（　　）

2. 中外合作开采石油、天然气的企业不是资源税的纳税义务人，不缴纳资源税。（　　）

3. 收购未税矿产品的单位是资源税的扣缴义务人。（　　）

4. 资源税在出厂销售或移作自用时一次性征收，对已税产品批发、零售的单位和个人不再征收。（　　）

5. 进口的矿产品和盐，不征收资源税；出口的矿产品和盐，也不免征或退还已缴纳的资源税。（　　）

6. 对开采主矿产品过程中伴采的其他应税矿产品，一律按主矿产品税目征收资源税。（　　）

7. 某省一独立核算的矿石开采企业，下属一生产单位在外省。2016 年该企业开采原煤 340 万吨（其中含省外生产单位开采的 60 万吨），当年销售原煤 300 万吨（其中含省外生产单位开采的 50 万吨）。已知原煤每吨单位税额 4 元，2016 年该企业在本省缴纳的资源税应为 1 000 万元。（　　）

8. 某矿开采磷铁矿石和硫铁矿石两种矿石，适用的资源税单位税额分别为 10 元和 2 元，由于种种原因，未分别核算两种矿石的课税数量。该矿 6 月销售矿石共 1 000 吨，其应缴纳的资源税额应为 10 000 元。（　　）

9. 纳税人开采或者生产应税产品自用的，应当依照《中华人民共和国资源税法》的规定缴纳资源税；自用于连续生产应税产品的，仍需缴纳资源税。（　　）

10. 采取分期收款结算方式的，资源税纳税义务发生时间为发出应税产品当天。（　　）

四、业务题

1. 华北某油田 8 月销售原油 200 万元，适用税率 8%，计算该油田本月应缴纳的资源税税额。

2. 某铁矿山10月销售铁矿石4 000万元，另外自用铁精矿石600万元（非用于连续生产应税产品），适用税率3%。计算该铁矿本月应缴纳的资源税税额。

3. 某铜矿山12月销售铜精矿石3万吨，每吨4 000元，移送入选精矿4 000吨，规定适用税率5%。计算该矿山本月应缴纳的资源税税额。

4. 一家开采铁矿石的矿山企业2月共生产销售铁精矿石原矿2万吨，每吨售价380元。在开采铁矿石的过程中还开采销售了伴生矿锰矿石（品位28%）2 000吨，每吨售价680元。已知该矿山铁精矿适用税率3%，锰矿石核定税率5%。计算该矿山在分别核算或未分别核算情况下应缴纳的资源税税额。

五、实训题

【实训资料】

郑州煤炭工业（集团）有限责任公司是一家煤炭采选、电力等多元化的生产企业，该公司位于郑州市中原西路 188 号，联系电话为 0371－87781116，公司《税务登记证》登记号为 410103102550180，开户银行为中国工商银行管城区支行，账号为 0200061910920123 4567，该企业 2022 年 8 月开采煤 105 万吨，其中销售 90 万吨，自用 2 万吨，待销售 13 万吨，已知当月煤炭销售价格为 360 元/吨，煤炭资源税税率为 5%。

【实训要求】

1. 计算 8 月份应缴纳的资源税税额并进行会计处理。

2. 填写该公司当月资源税纳税申报表（见表 7－1）。

表 7－1

资源税纳税申报表

根据国家税收法律法规及资源税有关规定制定本表。纳税人不论有无销售额，均应按照税务机关核定的纳税期限填写本表，并向当地税务机关申报。

税款所属时间：自　　年　月　日至　　年　月　日　　　填表日期：　　年　月　日　　　金额单位：元（列至角分）

纳税人识别号：

纳税人名称	（公章）	法定代表人姓名		注册地址		生产经营地址				
开户银行及账号				登记注册类型			电话号码			
税目	子目	折算率或换算比	计量单位	计税销售量	计税销售额	适用税率	本期应纳税额	本期减免税额	本期已缴税额	本期应补（退）税额
1	2	3	4	5	6	7	8① = 6 × 7；8② = 5 × 7	9	10	11 = 8 − 9 − 10
合计		—	—			—				
授权声明	如果你已委托代理人申报，请填写下列资料：为代理一切税务事宜，现授权　　（地址）　　为本纳税人的代理申报人，任何与本申报表有关的往来文件，都可寄予此人。授权人签字：						申报人声明	本纳税申报表是根据国家税收法律法规及相关规定填写的，我确定它是真实的、可靠的、完整的。声明人签字：		

主管税务机关：　　　　接收人：　　　　接收日期：　　年　月　日

本表一式两份，一份纳税人留存，一份税务机关留存。

第八单元
8 环境保护税核算

一、单项选择题

1.《环境保护税法》规定，环境保护税的征收机关是（　　）。

A. 应税污染物排放地的税务机关

B. 纳税人所在地的税务机关

C. 应税污染物排放地的税务机关或纳税人所在地的税务机关

D. 污染影响范围内的税务机关

2. 纳税人排放应税大气污染物或者水污染物的浓度值低于国家和地方规定的污染物排放标准30%的，减按（　　）征收环境保护税。

A. 75%　　B. 55%

C. 35%　　D. 30%

3. 环境保护税纳税义务发生时间为纳税人排放应税污染物的（　　）。

A. 当月　　B. 当季

C. 当年　　D. 当日

4. 环境保护税按月计算，按（　　）申报缴纳。不能按固定期限计算缴纳的，可以按次申报缴纳。

A. 日　　B. 月

C. 季　　D. 年

5. 根据环境保护税法律制度的规定，下列关于环境保护税的表述中，正确的是（　　）。

A. 环境保护税实行定额税率

B. 规模化养殖排放应税污染物暂免征收

C. 环境保护税按月计算，按年申报缴纳

D. 纳税义务发生时间为纳税人排放应税污染物的当月

二、多项选择题

1.《环境保护税法》规定，环境保护税的征税对象包括（　　）。

A. 大气污染物　　B. 水污染物

C. 固体废物　　D. 噪声

2. 下列关于环境保护税应纳税额计算的表述中，正确的有（　　）。

A. 应税大气污染物的应纳税额为污染排放量乘以具体适用税额

B. 应税水污染物的应纳税额为污染当量数乘以具体适用税额

C. 应税固体废物的应纳税额为固体废物排放量乘以具体适用税额

D. 应税噪声的应纳税额为超过国家规定标准的分贝数对应的具体适用税额

3. 下列各项中，暂予免征环境保护税的有（　　）。

A. 农业生产（不包括规模化养殖）排放应税污染物的

B. 机动车等流动污染源排放应税污染物的

C. 依法设立的城乡污水集中处理、生活垃圾集中处理场所排放应税污染物的

D. 纳税人综合利用的固体废物，符合国家和地方环境保护标准的

4. 下列关于应税污染物计税依据的说法中，正确的有（　　）。

A. 应税大气污染物按照污染物排放量折合的污染当量数确定

B. 应税水污染物按照污染物排放量折合的污染当量数确定

C. 应税固体废物按照固体废物的排放量确定

D. 应税噪声按照超过国家规定标准的分贝数确定

5. 关于环境保护税，下列说法中，正确的有（　　）。

A. 环境保护税纳税人不包括家庭和个人

B. 环境保护税税率为统一比例税率

C. 环境保护税收入全部归地方

D. 机动车和船舶排放的应税污染物暂免征环境保护税

三、判断题

1. 直接向环境排放应税污染物的企业事业单位和其他生产经营者为环境保护税的纳税人。（　）

2. 企业事业单位和其他生产经营者向依法设立的污水集中处理场所、生活垃圾集中处理场所排放应税污染物的，不属于直接向环境排放污染物，不缴纳相应污染物的环境保护税。（　）

3. 企业事业单位和其他生产经营者在符合国家和地方环境保护标准的设施、场所贮存或者处置固体废物的，缴纳环境保护税。（　）

4. 依法设立的城乡污水集中处理场所、生活垃圾集中处理场所超过国家和地方规定的排放标准向环境排放应税污染物的，不应当缴纳环境保护税。（　）

5. 企业事业单位和其他生产经营者贮存或者处置固体废物不符合国家和地方环境保护标准的，应当缴纳环境保护税。（　）

6. 每一排放口或者没有排放口的应税大气污染物，按照污染当量数从大到小排序，对前五项污染物征收环境保护税。（　）

7. 企业直接向环境排放应税污染物，应当向其机构所在地的税务机关申报缴纳环境保

护税。（ ）

四、业务题

1. 某火电厂2023年1月向大气中排放二氧化硫10千克，氮氧化物20千克，一氧化碳300千克，汞及其化合物1千克。大气污染物适用税额为每污染当量1.2元。该电厂只有一个排放口，查《应税污染物和当量值表》，相应污染物的污染当量值分别为0.95千克、0.95千克、16.7千克和0.0001千克。计算1月该火电厂因排放大气污染物应缴纳的环境保护税，并编制计提税金的会计分录。

2. 某水污染物排放企业2023年1月向水体直接排放第一类水污染物总汞、总镉、总铬、六价铬、总砷、总铅各1千克。排放其他类水污染物悬浮物（SS）、生化需氧量、总有机碳、氨氮、挥发酚各20千克。水污染物适用税额为每污染当量1.4元。查《应税污染物和当量值表》第一类水污染物的污染当量值分别为：0.0005千克、0.005千克、0.04千克、0.02千克、0.02千克、0.025千克；第二类水污染物的污染当量值分别为4千克、0.5千克、0.49千克、0.8千克、0.08千克。计算该企业1月因排放水污染物应缴纳的环境保护税，并编制计提税金的会计分录。

3. 某企业2023年1月在甲、乙两地作业均存在夜间噪声超标。甲作业场所一个单位边界上有两处噪声超标，分别为超标1—3分贝、超标7—9分贝，超标天数为16天；乙作业场所沿边界长度110米有两处噪声超标，分别为超标1—3分贝、超标7—9分贝，两处超标天数为14天。根据《环境保护税税目税额表》，工业噪声超标1—3分贝时税额为每月350元，工业噪声超标7—9分贝时税额为每月1 400元。计算该企业1月噪声污染应缴纳的环境保护税并进行账务处理。

4. 某企业1月产生尾矿10 000吨，其中综合利用的尾矿3 000吨（符合国家和地方环境保护标准），在符合国家和地方环境保护标准的设施处贮存2 000吨。已知尾矿适用的环境保护税税额为15元/吨。计算企业1月份应缴纳的环境保护税并进行账务处理。

9 第九单元 其他税核算

一、单项选择题

1. 下列各项中，免征房产税的是（　　）。

A. 企业的职工宿舍　　B. 公园

C. 工厂的办公楼　　D. 生产经营用厂房

2. 房产税依照房产原值一次减除（　　）后的余值计算缴纳。

A. 10%—20%　　B. 20%—30%

C. 10%—30%　　D. 20%—40%

3. 房产税的征收办法是（　　）。

A. 按月征收　　B. 按季征收

C. 按年征收　　D. 按年征收，分期预缴

4. 下列房屋应从交付使用之次月起缴纳房产税的是（　　）。

A. 纳税人购置新建商品房　　B. 纳税人自行新建房屋用于生产经营

C. 纳税人将原有房产用于生产经营　　D. 纳税人委托施工企业建设的房屋

5. 根据房产税法律制度的规定，下列房产中，不属于房产税征税范围的是（　　）。

A. 坐落于县城的酒店大楼　　B. 坐落于市区的办公大楼

C. 坐落于建制镇的生产厂房　　D. 坐落于农村的仓储用房

6. 甲企业拥有一处原值为680 000元的房产，已知房产税税率为1.2%，当地规定的房产税的减除比例为30%，则甲企业本年房产税应纳税额为（　　）。

A. 8 160元　　B. 9 800元

C. 5 712元　　D. 2 448元

7. 甲、乙两单位互换经营性用房，甲单位换入的房屋价格为490万元，乙单位换入的房屋价格为600万元，当地契税税率为3%。则下列各项中，正确的是（　　）。

A. 甲应交契税14.7万元　　B. 甲应交契税3.3万元

C. 乙应交契税18万元　　D. 乙应交契税3.3万元

8. 根据契税法律制度的规定，下列各项中，免征契税的是（　　）。

A. 以房产投资
B. 将房产赠送朋友
C. 子女继承父母房产
D. 购买商品房

9. 根据契税法律制度的规定，下列各项中，属于契税纳税人的是（　　）。
A. 抵押商铺的李某
B. 转让国有土地使用权的乙公司
C. 出租住房的王某
D. 受让国有土地使用权的甲公司

10. 关于契税的表述，正确的是（　　）。
A. 对承受国有土地使用权所支付的土地出让金应计征契税
B. 个人购买家庭唯一住房的，减按 1% 的税率征收契税
C. 契税采用比例税率，并实行 3%—8% 的幅度税率
D. 房屋买卖，应以成交价格对买卖双方全额征收契税

11. 在计算车船税时，机动船舶的计税单位为（　　）。
A. 载重吨位
B. 艘
C. 净吨位每吨
D. 体积

12. 下列各项中，应交车船税的是（　　）。
A. 自行车
B. 拖拉机
C. 警车
D. 企业生产用车

13. 下列各项中，不符合车船税有关规定的是（　　）。
A. 载客汽车，以“每辆”为计税单位
B. 载货汽车，以“整备质量每吨”为计税单位
C. 机动船舶，以“每艘”为计税单位
D. 摩托车，以“每辆”为计税单位

14. 车船税采用的税率是（　　）。
A. 有幅度的定额税率
B. 地区差别定额税率
B. 有幅度的比例税率
D. 比例、定额复合税率

15. 某汽车运输公司共有卡车 15 辆，每辆自重 5 吨，当地核定的载货汽车每年税额为 90 元/吨；另有本单位职工接送大巴车一辆，当地核定的年单位税额为 550 元/辆。假设上述车辆均系去年购入，不考虑其他因素，该运输公司本年应缴纳的车船税为（　　）。
A. 7 300 元
B. 1 900 元
C. 7 200 元
D. 6 750 元

16. 根据印花税法律制度的有关规定，下列凭证中，不属于印花税征税范围的是（　　）。
A. 工商营业执照
B. 原始凭证
C. 购销合同
D. 借款合同

17. 根据印花税法律制度的规定，下列各项中，属于印花税纳税人的是（　　）。
A. 合同的双方当事人
B. 合同的担保人
C. 合同的代理人
D. 合同的签订人

18. 下列凭证中，应缴纳印花税的是（　　）。
A. 工商营业执照
B. 结婚证
C. 外汇许可证
D. 税务登记证

19. A公司向B汽车运输公司租入5辆载重汽车，双方签订的合同规定，5辆载重汽车的总价值为240万元，租期为3个月，租金12.80万元。已知财产租赁合同的印花税税率为1‰，则A公司应当缴纳印花税（　　）元。

A. 32　　B. 128

C. 600　　D. 2 400

20. 根据印花税法律制度的有关规定，下列凭证中，不属于印花税征税范围的是（　　）。

A. 企业签订的融资租赁合同　　B. 企业领取的工商营业执照

C. 企业与银行签订的借款合同　　D. 企业领取的税务登记证

21. 3月，甲企业注册了新商标，领取了一份商标注册证；与某外商投资企业签订了一份货物买卖合同，合同标的额60万元，另外支付货物运输费5万元；与工商银行某分行签订借款合同，借款金额100万元。已知商标注册证按件贴花5元，买卖合同、运输合同、借款合同适用的印花税税率分别为0.3‰、0.5‰、0.05‰。不考虑其他因素，甲企业3月应缴纳的印花税税额为（　　）元。

A. 250　　B. 255

C. 260　　D. 265

22. 某运输公司与家具厂签订一项运输合同，运输费用55 000元，其中装卸费用15 000元，货物运输合同的印花税税率为0.5‰。不考虑其他因素，该运输公司应缴纳的印花税税额为（　　）元。

A. 22.5　　B. 20

C. 7.5　　D. 5

23. 印花税的定额税率是每件（　　）元。

A. 5　　B. 10

C. 15　　D. 20

24. 下列各项中，免征印花税的项目是（　　）。

A. 土地使用证　　B. 专利权转移书据

C. 货物运输合同　　D. 应税凭证的副本

25. 下列各项中，可以作为城市维护建设税计税依据的是（　　）。

A. 实际应交增值税、消费税的税额

B. 纳税人因未按规定期限交纳增值税、消费税而加收的滞纳金

C. 纳税人偷逃增值税、消费税而被处的罚款

D. 纳税人偷逃增值税、消费税被查补的税款

26. 某企业1月缴纳增值税34万元，消费税60万元，企业所得税13万元。如按7%的税率计算，该企业应缴纳的城市维护建设税是（　　）万元。

A. 8.4　　B. 4.2

C. 6.58　　D. 6.02

27. 城市维护建设税实行（　　）税率。

A. 地区差别定额　　B. 地区差别比例

C. 分类分项定额　　D. 分类分项比例

28. 转让房地产获得的收入超过扣除项目150%、未超过扣除项目200%的部分，其适用的土地增值税税率为（ ）。

A. 30% B. 40%

C. 50% D. 60%

29. 土地增值税实行（ ）。

A. 比例税率 B. 定额税率

C. 超额累进税率 D. 超率累进税率

30. 计算土地增值税时，扣除项目中房地产开发成本不包括（ ）。

A. 土地的征用及拆迁补偿费 B. 开发项目有关的管理费用

C. 前期工程费 D. 建筑安装工程费

二、多项选择题

1. 下列各项中，征收房产税的有（ ）。

A. 厂房 B. 寺庙

C. 办公楼 D. 宿舍楼

2. 房产税的计税依据包括（ ）。

A. 从租计征 B. 从价计征

C. 从量计征 D. 定额计征

3. 符合房产税纳税人规定的有（ ）。

A. 产权属于国家所有的，其经营管理的单位为纳税人

B. 产权出典的，承典人为纳税人

C. 产权纠纷未解决的，房产代管人或者使用人为纳税人

D. 产权属于集体和个人的，集体单位和个人为纳税人

4. 关于房产税的说法中，正确的有（ ）。

A. 房产税以城市、县镇、建制镇和工矿区范围内的房产为征税对象

B. 房产税采用比例税率

C. 房屋产权属于集体和个人的，使用人为纳税人

D. 房产税以房屋的计税余值或租金收入作为计税依据

5. 关于房产税纳税义务发生时间的表述中，正确的是（ ）。

A. 纳税人将原有房产用于生产经营，从生产经营之月起，缴纳房产税

B. 纳税人自行新建房屋用于生产经营，从建成之月起，缴纳房产税

C. 纳税人购置新建商品房，自房屋交付使用之次月起，缴纳房产税

D. 纳税人出租、出借房产，自交付出租、出借房产之次月起，缴纳房产税

6. 契税的征税范围包括（ ）。

A. 国有土地使用权出让

B. 国有土地使用权转让，包括出售、赠与和交换

C. 房屋买卖

D. 房屋赠与和交换

7. 2022 年 2 月，刘某将价值为 120 万元、100 万元的两套房产分别赠与其儿子和对其承担赡养义务的好友林某，当地契税率为 3%。下列关于刘某该赠与行为缴纳契税的表述中，正确的有（　　）。

A. 林某应就受赠房产缴纳契税 3 万元

B. 刘某儿子应就受赠房产缴纳契税 3.6 万元

C. 林某免交契税

D. 刘某儿子免交契税

8. 按照我国现行税制的有关规定，车船税的计税依据有（　　）。

A. 车船的价格　　B. 车船的净值

C. 车的辆数　　D. 船舶净吨位

9. 下列项目中，属于车船税纳税人的有（　　）。

A. 事业单位　　B. 行政机关

C. 私营企业　　D. 个人

10. 下列各项中，符合车船税征收管理规定的有（　　）。

A. 车船税纳税义务发生时间为取得车船所有权或者管理权的当月

B. 车船税的纳税地点为车船所有人的住所所在地

C. 车船所有人没有缴纳车船税的，使用人应代为缴纳车船税

D. 车船税纳税义务发生时间以购买车船的发票或其他证明文件所载日期的当月为准

11. 下列各项中，符合车船税有关规定的有（　　）。

A. 载客汽车，以“辆”为计税单位

B. 摩托车，以“辆”为计税单位

C. 非机动驳船，以“净吨位”为计税单位

D. 载货汽车，以“整备质量吨位”为计税单位

12. 下列车船中，属于法定免税范围的有（　　）。

A. 专项作业车　　B. 警用车辆

C. 新能源车船　　D. 捕捞、养殖渔船

13. 下列税率形式中，不适用于印花税的有（　　）。

A. 定额税率　　B. 超额累进税率

C. 比例税率　　D. 全额累进税率

14. 根据印花税法律制度的规定，下列各项中，属于印花税征税范围的有（　　）。

A. 土地使用权出让合同　　B. 土地使用权转让书据

C. 商品房销售合同　　D. 融资租赁合同

15. 下列各项中，应当征收印花税的项目有（　　）。

A. 产品加工合同　　B. 无息贷款合同

C. 出版印刷合同　　D. 技术开发合同

16. 下列各项中，应按“产权转移书据”税目征收印花税的有（　　）。

A. 证券交易存托凭证　　B. 商标专用权转移书据

C. 土地使用权出让书据　　D. 股权转让书据

17. 下列各项中，按1‰的税率缴纳印花税的有（　　）。

A. 租赁合同　　B. 仓储合同

C. 财产保险合同　　D. 借款合同

18. 下列各项中，免征印花税的有（　　）。

A. 应税凭证的副本

B. 农业保险合同

C. 个人与电子商务经营者订立的电子订单

D. 财产所有权人将财产赠与社会福利机构的产权转移书据

19. 下列各项中，按0.3‰的税率贴花的有（　　）。

A. 建设工程合同　　B. 货物运输合同

C. 财产保险合同　　D. 技术合同

20. 下列各项中，应缴纳印花税的合同有（　　）。

A. 购销合同　　B. 财产租赁合同

C. 贴息贷款合同　　D. 建筑工程承包合同

21. 下列各项中，可以作为城市维护建设税计税依据的有（　　）。

A. 纳税人因未按规定期限交纳消费税而被加收的滞纳金

B. 纳税人享受减免税后实际缴纳的消费税

C. 纳税人偷逃增值税被处的罚款

D. 纳税人偷逃消费税被查补的税款

22. 下列关于城市维护建设税的表述中，正确的有（　　）。

A. 城市维护建设税适用于外商投资企业

B. 城市维护建设税的纳税环节就是纳税人缴纳增值税、消费税的环节

C. 城市维护建设税实行地区差别比例税率，设置了7%、5%和1%三档税率

D. 城市维护建设税按实际缴纳的增值税、消费税的税额计征，随增值税、消费税的法定减免而减免

23. 下列各项中，属于土地增值税征税范围的有（　　）。

A. 出让国有土地使用权　　B. 城市房地产的出租

C. 转让国有土地使用权　　D. 城市企业房地产的交换

24. 下列各项中，可以在计算土地增值额时扣除的有（　　）。

A. 取得土地使用权所支付的金额

B. 开发土地的成本、费用

C. 新建房及配套设施的成本、费用，或者旧房及建筑物的评估价格

D. 与转让房地产有关的税金

25. 下列各项中，土地增值税的特点有（　　）。

A. 土地增值税以转让房地产取得的增值额为计税依据

B. 土地增值税征税面比较窄

C. 土地增值税采用扣除法和评估法计算增值额

D. 土地增值税采用超率累进税率

三、判断题

1. 个人拥有非营业用房产，不用缴纳房产税。（ ）
2. 按房产余值为计税依据从价计征的，房产税税率为12%。（ ）
3. 纳税人出租、出借房产，自交付出租、出借房产之月起缴纳房产税。（ ）
4. 房产税应向房产所在地税务机关缴纳。（ ）
5. 按房屋租金收入为计税依据从租计征的，房产税税率为1.2%。（ ）
6. 房屋互换的，双方应根据取得的房屋的市场价值分别缴纳契税。（ ）
7. 纳税人发生契税纳税义务时，应向土地、房屋所在地的税收征收机关申报纳税。（ ）
8. 某政府机关转让其无偿划拨的土地使用权，免缴契税。（ ）
9. 契税以在我国境内转移土地、房屋权属的行为作为征税对象。（ ）
10. 车船税实行从量定额征收。（ ）
11. 自行车属于车船税的征税范围。（ ）
12. 纳税人在购买机动车交通事故责任强制保险时缴纳车船税的，不需再向税务机关申报纳税。（ ）
13. 节约能源、使用新能源的车船一律减半征收车船税。（ ）
14. 专利权转让书据适用的印花税税率为0.5‰。（ ）
15. 财产保险合同，包括财产、责任、保证、信用等保险合同。（ ）
16. 印花税的计算可以分为从价计税和从量计税两种。（ ）
17. 购销合同适用0.5‰的比例税率。（ ）
18. 货物运输合同的计税依据不包括所运货物的金额、装卸费和保险费。（ ）
19. 印花税的纳税义务发生时间为纳税人书立应税凭证或者完成证券交易的当日。（ ）
20. 城市维护建设税规定不适用于外商投资企业和外国企业。（ ）
21. 城市维护建设税实行地区差别比例税率，设置了7%、5%和3%三档税率。（ ）
22. 教育费附加的征收率统一为3%。（ ）
23. 土地增值税的征税范围包括：出让国有土地使用权及地上的建筑物及其附着物连同国有土地使用权一并出让。（ ）
24. 土地增值税的纳税人应在转让房地产合同签订之日起的10日内，到房地产所在地主管税务机关办理纳税申报，同时向税务机关提交相关资料。（ ）
25. 土地增值税实行四级超率累进税率。（ ）

四、计算题

1. 企业拥有房屋原值600万元，将其中一部分房产出租，原值100万元，年租金收入12万元，另有一部分房产用于幼儿园使用，原值50万元。当地政府规定，按原值一次减除20%后的余值纳税。计算该企业本季度应缴纳的房产税税额，并进行相关账务处理。

2. 某国有企业在其所在城市市区有房屋三栋，其中两栋用于本企业生产经营，两栋房产账面原值共计 400 万元；另外一栋房屋租给私营企业，年租金收入 20 万元。已知当地政府规定计算房产余值时的减除比例为 30%。计算该企业年应交房产税税额。

3. 孙某拥有三处房产，其中一处原值 120 万元的房产供自己和家人居住；另一处原值 80 万元的房产于 2023 年 6 月 30 日出租给王某居住，自 7 月开始按市场价每月取得租金收入 1 500 元；最后一处原值 280 万元的房产自 2023 年 1 月 1 日起用于经营超市。已知当地政府规定房产税扣除比例为 20%。计算孙某 2023 年度应缴纳的房产税税额。

4. 居民刘某本年有三套住房，他将第一套价值 80 万元的公寓出租，月租金 6 000 元；将第二套住房与胡某的房产交换，取得胡某另付的差价款 20 万元；第三套住房是以 85 万元价格购入的 90 平方米普通现住房。当地确定的契税税率为 3%。分析并计算本年刘某应缴纳的契税税额。

5. 某交通运输企业拥有货车 20 辆，每辆货车的整备质量均为 5 吨；挂车 10 辆，其整备质量均为 4 吨，小汽车 6 辆。已知该企业货车车船税税率为整备质量每吨基准税额 40 元，小汽车车船税税率为每辆基准税额 360 元，挂车车船税税额按照货车税额的 50% 计算。计算该企业全年应缴纳的车船税税额并进行相关账务处理。

6. 某企业 2023 年 1 月开业，当年发生以下有关业务事项：与其他企业订立转移专用技术使用权书据 1 份，所载不含增值税金额 100 万元；订立产品购销合同 1 份，所载不含增值税金额 200 万元；与银行订立借款合同 1 份，所载不含增值税金额 400 万元。计算该企业上述业务应缴纳的印花税税额。

7. 某企业成立于 2023 年，有关资料如下：

（1）实收资本 1 000 万元，资本公积 500 万元。

（2）与租赁公司签订租赁合同，合同金额 300 万元。

（3）本年签订购销合同，合同金额 800 万元。

（4）与货运公司签订运输合同，载明运输费用 7.5 万元。

（5）与某公司签订保管合同，载明保管费共计 20 万元。

要求：逐项计算该企业应缴纳的印花税税额。

8. 某企业 9 月份共缴纳增值税、消费税和关税 162 万元，其中关税 82 万元。计算该企业应缴纳的城市维护建设税和教育费附加，并进行相关账务处理。

9. 某小规模纳税人本月应缴纳增值税 10 万元。在税务检查中，税务机关发现，该企业上月隐瞒收入 40 万元，被查补增值税，并处 3 倍罚金，计算该企业应缴纳、查补和处罚（处罚方法同增值税）的城市维护建设税税额。

10. 某工厂将其闲置的旧厂房连同周围的土地（有使用权）一并转让给一家生产企业，共取得转让收入 1 200 万元。该厂在建设上述厂房征地时，支付的地价款和按国家统一规定缴纳的有关费用合计为 110 万元，转让上述房地产时缴纳的相关税费共计 56 万元。经当地房地产评估中心评估，并经税务机关认可的厂房重置价为 800 万元，成新度折扣率为 70%。计算该厂转让上述旧厂房及土地使用权应纳的土地增值税税额。

第十单元
10 电子报税及企业年报

一、单项选择题

1. 纳税申报的对象不包括（　　）。

A. 纳税人　　B. 扣缴义务人

C. 征收人员　　D. 代收代缴义务人

2. 下列说法中，正确的是（　　）。

A. 纳税人在纳税申报期限内无论有无应纳税税额都应办理纳税申报

B. 纳税人在纳税申报期限内无应纳税税额可不办理纳税申报

C. 纳税人在享受减税待遇期间可不办理纳税申报

D. 纳税人在享受免税待遇期间可不办理纳税申报

3. 企业应当按年度在规定的期限内通过市场主体信用信息公示系统向（　　）报送年度报告。

A. 税务机关　　B. 海关

C. 工商机关　　D. 财政部

4. 企业年报的申报期为（　　）。

A. 1 月 1 日至 1 月 31 日　　B. 1 月 1 日至 3 月 31 日

C. 1 月 1 日至 5 月 31 日　　D. 1 月 1 日至 6 月 30 日

二、多项选择题

1. 纳税义务人在生产、流通、分配等环节计算缴纳的各个税种，应按照税法规定的期限分别向（　　）进行申报纳税。

A. 税务机关　　B. 财政部门

C. 海关　　D. 国家政府机关

2. 纳税申报方式主要有（　　）。

A. 直接申报　　B. 邮寄申报

C. 电子申报　　D. 简易申报

3. 下列应当按规定办理纳税申报的有（　　）。

A. 已办理涉税事务登记并负有纳税义务的单位和个人

B. 未办理涉税事务登记的负有纳税义务的单位和个人

C. 负有代扣代缴税款义务的扣缴义务人

D. 税款实际负担人

4. 纳税人办理纳税申报时，应当如实填写纳税申报表，并应根据不同的情况报送（　　）等有关证件、资料。

A. 财务、会计报表及其说明材料

B. 与纳税有关的合同、协议书及凭证

C. 税控装置的电子报税资料

D. 外出经营活动税收管理证明和异地完税凭证

5. 纳税人在（　）情况下可以申请延期纳税。

A. 遇到人力不可抗拒的自然灾害　　B. 可供纳税的财产等遭遇偷盗

C. 企业内部进行财务审计　　D. 可减免税时

6. 企业年报包括（　　）等内容。

A. 企业存续状态信息　　B. 购买股权信息

C. 纳税总额信息　　D. 从业人数信息

三、判断题

1. 纳税人办理纳税申报期限的最后一日，如遇公休、节假日的可以顺延。（　）

2. 税务机关将于纳税人申报次日 8 点起处理纳税人填写的电子申报数据。（　）

3. 企业年报填写后，如果发现其年度报告内容不准确，应于当年的 6 月 30 日前进行更正。6 月 30 日后，年度报告的更正功能关闭。（　）

4. 企业逾期未按时申报公示年报，将会被列入经营异常名录。（　）

5. 纳税人在纳税期内没有应纳税款的，也应按照规定办理纳税申报。（　）

四、实训题

【实训目的】

1. 了解税务登记年检流程，并进行企业税务年检工作。

2. 能够准确填制税务登记换证登记表。

【实训资料】

营业执照号：120004012352934

营业执照签发日期：2009 年 6 月 2 日

营业期限：2009 年 6 月 10 日至 2029 年 6 月 10 日

批准设立文件号：津字 43212 号

纳税人识别号：120105521254135

企业地址及电话：天津市河北区真理道 56 号、022－28549658

法定代表人：张晓亮；身份证号：120103197210212253

办税人员：刘玲玲；身份证号：120102××××××××0524

企业注册资本：600 万元

主营：服装的生产、销售

企业组织机构代码：46520763

开户行及账号：工行河北真理道支行、0225657744

从业人员：180 人

经济性质：私营有限责任公司

投资人：张晓亮，投资比例 60%；赵华，投资比例 40%

【实训要求】

1. 简述办税人员刘玲玲应如何办理税务年检。
2. 填制税务登记换证登记表（见表 10－1）。

表 10－1　　税务登记换证登记表

（适用单位纳税人、个人独资企业）

原纳税人识别号 □□□□□□□□□□□□□□□

纳税人名称：精美服装有限公司

<table>
<tr><td>纳税人识别号</td><td colspan="4">□□□□□□□□□□□□□□□</td><td>工商注册号</td><td></td></tr>
<tr><td>登记注册类型</td><td colspan="2">□□□</td><td colspan="2">组织机构代码</td><td colspan="2">□□□□□□□□□</td></tr>
<tr><td>批准设立机关</td><td colspan="2"></td><td colspan="2">批准设立证明或文件号</td><td colspan="2"></td></tr>
<tr><td>证照名称</td><td colspan="2"></td><td colspan="2">证照号码</td><td colspan="2"></td></tr>
<tr><td>开业（设立）日期</td><td></td><td>生产经营期限</td><td></td><td colspan="3">从业人数______其中外籍人数______</td></tr>
<tr><td rowspan="2">注册地址</td><td rowspan="2" colspan="4"></td><td>邮政编码</td><td></td></tr>
<tr><td>联系电话</td><td>□□□□□□□□</td></tr>
<tr><td rowspan="2">生产经营地址</td><td rowspan="2" colspan="4"></td><td>邮政编码</td><td></td></tr>
<tr><td>联系电话</td><td>□□□□□□□□</td></tr>
<tr><td>核算方式</td><td colspan="6">请选择对应项目打√□独立核算□非独立核算</td></tr>
<tr><td>单位性质</td><td colspan="6">请选择对应项目打√□企业□事业单位□社会团体□民办非企业单位□其他</td></tr>
<tr><td>网站网址</td><td colspan="3"></td><td>国标行业</td><td colspan="2">□□□□□□□□□□□</td></tr>
<tr><td>适用会计制度</td><td colspan="6">请选择对应项目打√
□企业会计制度□小企业会计制度□金融企业会计制度□行政事业单位会计制度</td></tr>
<tr><td colspan="7">经营范围：</td></tr>
</table>

<table>
<tr><td rowspan="2">项目
内容
联系人</td><td rowspan="2">姓名</td><td colspan="2">身份证件</td><td rowspan="2">固定电话</td><td rowspan="2">移动电话</td><td rowspan="2">电子邮箱</td></tr>
<tr><td>种类</td><td>号码</td></tr>
<tr><td>法定代表人（负责人）</td><td></td><td></td><td></td><td></td><td></td><td></td></tr>
</table>

续表

财务负责人						
办　税　人						

税务代理人名称	纳税人识别号	联系电话	电子邮箱

注册资本或投资总额	币种	金额	币种	金额	币种	金额
注册资本　　　元	人民币					

投资方名称	投资方经济性质	投资比例	证件种类	证　件　号　码	国籍或地址

自然人投资比例		外资投资比例		国有投资比例	

经办人签章：	法定代表人（负责人） 签章：	填表日期： 年　　月　　日

以下由税务机关填写：

减免工本费□ □ □ □	审核意见	
经办人签名： 年　　月　　日		